ESPAGNOL

Lingo Facile

ESPAGNOL

31 Histoires Vraies Qui Défient l'Imagination

Sommaire

PRÉFACE

Bienvenue dans l'univers bilingue fascinant de "Espagnol : 31 Histoires Vraies Qui Défient l'Imagination." Dans ces pages, vous vous aventurerez au-delà des limites de la réalité pour explorer le monde étonnant des événements authentiques qui semblent tout droit sortis d'un livre de fiction. Vous découvrirez des histoires de héros et d'escrocs, d'aventures incroyables et de mystères insondables, le tout tiré de l'histoire réelle de notre monde.

Au fil de ces récits, vous serez captivé par les exploits audacieux de ceux qui osent repousser les limites de l'humanité, qu'il s'agisse de briser des records de vitesse, de résoudre des énigmes énigmatiques ou de défier les forces de la nature. Vous ferez la connaissance d'hommes et de femmes ordinaires qui ont été plongés dans des situations extraordinaires et qui ont trouvé en eux la résilience et le courage de surmonter des défis incommensurables.

Vous explorerez également les profondeurs sombres de l'âme humaine à travers les récits d'escrocs et d'arnaqueurs qui ont orchestré des stratagèmes brillants et parfois diaboliques pour parvenir à leurs fins. Leurs histoires vous laisseront à la fois admiratif de leur ingéniosité et incrédule quant à l'audace de leurs crimes.

Mais "Espagnol 31 histoires vraies», ce n'est pas que des exploits et à des méfaits individuels. Vous plongerez également dans des mystères collectifs qui ont défié les chercheurs, les enquêteurs et les esprits curieux du monde entier. Vous explorerez les zones d'ombre de l'histoire, là où la vérité est souvent plus étrange que la fiction.

Chacune de ces 31 histoires, choisies avec soin, vous offre une occasion unique de vous émerveiller, de vous étonner et de vous questionner sur la nature de la réalité elle-même. Vous découvrirez que notre monde est bien plus étrange et surprenant que nous ne pourrions jamais l'imaginer.

Alors, préparez-vous à être captivé par les récits qui vont suivre. Ouvrez ce livre, et laissez- vous emporter dans un voyage extraordinaire à travers le monde d' "Espagnol 31 Histoires vraies" Vous ne verrez plus jamais la réalité de la même manière.

Votre avis compte !

Une fois que vous aurez fini ce livre, partagez votre avis sur Amazon.

Votre retour d'expérience sera utile pour les futurs lecteurs.

Je suis impatient de voir comment ce livre a eu un impact sur vous.

Merci d'avance pour votre contribution et bonne lecture !

1

L'HISTOIRE VRAIE DE L'ESCROC QUI A RÉUSSI À VENDRE LA TOUR EIFFEL

Une saga fascinante

La première histoire que l'on découvre ensemble s'est déroulée au début du 20e siècle, quelques décennies seulement après l'achèvement de cet emblème iconique à l'occasion de l'Exposition universelle de Paris en 1889.

Le personnage central de cette histoire est Victor Lustig, un homme né en Autriche-Hongrie en 1890, qui s'est rapidement fait un nom dans le monde de la fraude et de l'escroquerie grâce à son ingéniosité et son audace. En 1925, Lustig se trouvait à Paris, la ville de la lumière, et il cherchait la prochaine grande arnaque à réaliser.

L'idée audacieuse lui est venue de vendre la Tour Eiffel elle-même. Il savait que cet édifice emblématique avait une place spéciale dans le cœur des Parisiens et qu'il était mondialement reconnu. Lustig a donc échafaudé un plan méticuleux pour réaliser cette supercherie.

La première étape de son plan consistait à créer de faux documents officiels, notamment des papiers en-tête de la mairie de Paris, afin de donner à sa transaction une apparence de légitimité. Il était conscient que les autorités locales ne souhaiteraient pas attirer l'attention sur le fait que la Tour Eiffel était mise en vente, et il comptait sur ce facteur pour tromper ses victimes potentielles.

Avec ses faux documents en main, Lustig a organisé une réunion secrète avec un groupe de ferrailleurs parisiens. Lors de cette rencontre, il a expliqué que le coût d'entretien de la Tour Eiffel était devenu prohibitif, et que le gouvernement français avait pris la décision de s'en séparer pour des raisons financières. Il a habilement souligné les opportunités d'affaires que cela représentait pour les ferrailleurs, en les convaincant que le démantèlement de la Tour Eiffel pour la ferraille était une entreprise rentable.

Lustig a réussi à susciter un réel intérêt chez l'un des ferrailleurs, qui était prêt à verser une somme substantielle en espèces comme "commission" pour sceller l'accord.

Cette victime était persuadée de faire une affaire en or. Cependant, une fois que Lustig a eu l'argent en main, il a rapidement pris la fuite avec son butin, laissant les ferrailleurs médusés et abasourdis par leur crédulité.

Ce qui est encore plus étonnant dans cette histoire, c'est que Lustig est retourné à Paris quelques mois plus tard, apparemment convaincu qu'il pouvait exécuter la même arnaque avec succès une deuxième fois. Malheureusement pour lui, les autorités avaient été alertées de son retour, et il a finalement été arrêté par la police. Bien que sa première évasion spectaculaire l'ait rendu célèbre, cette fois-ci, il ne pouvait pas échapper à la justice.

Même derrière les barreaux, Victor Lustig a continué à se livrer à diverses escroqueries et fraudes, montrant ainsi son dévouement inébranlable à l'art de la tromperie.

L'histoire de Victor Lustig reste légendaire en raison de son audace, de sa créativité et de sa capacité à tromper les autres. Elle sert de rappel saisissant à quel point les escrocs peuvent être ingénieux dans leurs tentatives de fraude, et elle reste l'une des histoires les plus célèbres de l'histoire de la criminalité en France.

LA VERDADERA HISTORIA DEL ESTAFADOR QUE CONSIGUIÓ VENDER LA TORRE EIFFEL

Una saga fascinante

La primera historia que descubrimos juntos tuvo lugar a principios del siglo XX, pocas décadas después de la realización de este emblemático emblema en la Exposición Universal de París de 1889.

El personaje central de esta historia es Victor Lustig, un hombre nacido en Austria-Hungría en 1890, que rápidamente se hizo un nombre en el mundo del fraude y la estafa gracias a su ingenio y audacia. En 1925, Lustig se encuentra en París, la ciudad de la luz, buscando el próximo gran timo que realizar.

Se le ocurrió la audaz idea de vender la propia Torre Eiffel. Sabía que este emblemático edificio ocupaba un lugar especial en el corazón de los parisinos y que era mundialmente conocido. Así que Lustig urdió un meticuloso plan para llevar a cabo el engaño.

El primer paso de su plan fue crear documentos oficiales falsos, incluidos membretes del Ayuntamiento de París, para dar a su transacción una apariencia de legitimidad. Sabía que las autoridades locales no querrían llamar la atención sobre el hecho de que la Torre Eiffel estaba en venta, y contaba con este factor para engañar a sus víctimas potenciales.

Con los documentos falsos en la mano, Lustig organizó una reunión secreta con un grupo de chatarreros parisinos. En la reunión, les explicó que el coste de mantenimiento de la Torre Eiffel se había vuelto prohibitivo y que el gobierno francés había decidido venderla por motivos económicos. Hábilmente, destacó las oportunidades de negocio que esto representaba para los chatarreros, convenciéndoles de que desmantelar la Torre Eiffel para obtener chatarra era una empresa rentable.

Lustig consiguió despertar un verdadero interés en uno de los chatarreros, que estaba dispuesto a pagar una importante suma en metálico como "comisión" para cerrar el trato. Esta víctima estaba convencida de que se le presentaba una oportunidad de oro. Sin embargo, una vez que Lustig tuvo el dinero en la mano, se largó rápidamente con su botín, dejando a los chatarreros estupefactos y atónitos por su credulidad.

Lo más asombroso de esta historia es que Lustig regresó a París unos meses después, aparentemente convencido de que podría realizar la misma estafa con éxito por segunda vez. Por desgracia para él, las autoridades habían sido alertadas de su regreso y fue detenido por la policía. Aunque su primera fuga espectacular le había hecho famoso, esta vez no pudo escapar de la justicia.

Incluso entre rejas, Victor Lustig siguió realizando diversas estafas y fraudes, demostrando su inquebrantable dedicación al arte del engaño.

La historia de Victor Lustig sigue siendo legendaria por su audacia, creatividad y capacidad para engañar a los demás. Sirve como vívido recordatorio de lo ingeniosos que pueden ser los ladrones en sus intentos de estafa, y sigue siendo una de las historias más famosas de la historia criminal francesa.

2

ELIUD KIPCHOGE ET LA
COURSE SOUS LES 2 HEURES

L'Homme Qui a Brisé la Barrière du Marathon

Le 12 octobre 2019, Eliud Kipchoge, un athlète kényan, a réalisé un exploit spectaculaire en brisant la barrière des deux heures lors d'une course de marathon à Vienne, en Autriche. Cet événement historique a non seulement établi un record époustouflant, mais il a aussi marqué un moment emblématique dans l'histoire de la course à pied, inspirant des athlètes et des amateurs de sport du monde entier.

Eliud Kipchoge était déjà une légende de la course à pied avant même de se lancer dans cette entreprise extraordinaire. Né en 1984 dans le comté de Nandi, au

Kenya, il avait déjà remporté de nombreuses médailles d'or olympiques et des titres de champion du monde dans diverses courses de longue distance. Kipchoge était considéré comme l'un des meilleurs coureurs de marathon de tous les temps, mais il aspirait à un accomplissement encore plus grand : courir un marathon en moins de deux heures.

La barrière des deux heures était un objectif que les coureurs et les experts de la course à pied avaient longtemps considéré comme insurmontable. Le record du monde officiel du marathon était de 2 heures, 1 minute et 39 secondes, établi par Kipchoge lui-même lors du Marathon de Berlin en 2018. Courir un marathon en moins de deux heures semblait une quête impossible en raison des exigences physiologiques et des contraintes temporelles.

Cependant, Kipchoge croyait en son mantra : "No human is limited" ("Aucun être humain n'a de limites"). Il s'est associé à l'équipementier sportif Nike et à un groupe d'experts en science du sport pour relever ce défi apparemment insurmontable. La tentative de briser la barrière des deux heures a été baptisée "INEOS 1:59 Challenge".

Pour atteindre cet objectif, de nombreux facteurs devaient être réunis. Tout d'abord, le parcours devait être aussi plat et aussi peu venteux que possible pour optimiser les performances de Kipchoge. Le lieu choisi était le Prater de Vienne, un parc linéaire le long du Danube. Les organisateurs ont minutieusement sélectionné un parcours plat et rectiligne de 9,6 kilomètres qu'Eliud Kipchoge devait parcourir à plusieurs reprises.

Un autre facteur clé était la stratégie de course. Kipchoge a bénéficié du soutien d'une équipe de coureurs de relais de classe mondiale, qui ont formé une formation en "V" pour réduire la résistance à l'air. Il a également été escorté par une voiture avec un écran affichant le rythme de course idéal, basé sur les calculs scientifiques les plus pointus. De plus, une armada de cyclistes suivaient Kipchoge pour fournir de l'eau et des suppléments nutritionnels sans ralentir sa course.

La date de la tentative a été soigneusement choisie pour les conditions météorologiques optimales. L'événement a été minutieusement planifié pour qu'il se déroule tôt le matin, lorsque la température était la plus basse, afin de minimiser le risque de surchauffe.

Le jour J, Eliud Kipchoge était au sommet de sa forme. Il avait consacré des mois à un entraînement intensif et à la préparation mentale pour cette tentative historique. Le monde entier attendait avec impatience de voir s'il pouvait accomplir l'impossible.

La course a débuté à 8 h 15 du matin, avec Kipchoge prenant son rythme constant et régulier. L'athlète kényan a couru avec une détermination inébranlable, ignorant la douleur et la fatigue, se concentrant uniquement sur la ligne d'arrivée.

Pendant toute la course, le rythme de Kipchoge était impressionnant. Il maintenait une allure d'environ 2 minutes 50 secondes au kilomètre, bien en deçà de la vitesse nécessaire pour briser la barrière des deux heures. Le public, composé de milliers de spectateurs et de fans du monde entier, l'acclamait tout au long du parcours.

À mesure que Kipchoge approchait de la ligne d'arrivée, il a accéléré, franchissant la barrière des deux heures avec un temps de 1 heure, 59 minutes et 40,2 secondes. La foule a éclaté en acclamations, et Kipchoge a levé les bras en signe de victoire, souriant largement. Il avait réalisé l'impossible, brisant la barrière des deux heures pour le marathon.

Cependant, il convient de noter que ce record n'a pas été homologué comme le nouveau record du monde officiel du marathon en raison des conditions spéciales de la tentative, notamment l'assistance des coureurs relais et des cyclistes. Néanmoins, cela n'a pas diminué l'exploit extraordinaire de Kipchoge, qui a démontré que la détermination humaine et la science pouvaient repousser les limites de la performance humaine.

La réussite d'Eliud Kipchoge à Vienne a inspiré des coureurs du monde entier et a renforcé la croyance en la puissance du dépassement de soi. Son message simple selon lequel "Aucun être humain n'a de limites" est devenu un slogan pour tous ceux qui aspirent à atteindre l'excellence dans leur domaine.

Eliud Kipchoge est aujourd'hui une icône mondiale de la course à pied, et sa tentative spectaculaire de briser la barrière des deux heures restera à jamais gravée dans l'histoire du sport. Elle rappelle que, même face à des défis apparemment insurmontables, la persévérance, la détermination et la foi en ses propres capacités peuvent conduire à des réalisations spectaculaires.

ELIUD KIPCHOGE Y LA

CARRERA POR DEBAJO DE LAS

2 HORAS

El hombre que rompió la barrera del maratón

El 12 de octubre de 2019, el atleta keniano Eliud Kipchoge logró una hazaña espectacular al superar la barrera de las dos horas en una carrera de maratón en Viena (Austria). Este acontecimiento histórico no solo estableció un récord impresionante, sino que también marcó un momento icónico en la historia del running, inspirando a atletas y aficionados al deporte de todo el mundo.

Eliud Kipchoge ya era una leyenda del atletismo antes de embarcarse en esta extraordinaria empresa. Nacido en 1984 en el condado de Nandi (Kenia), ya había ganado numerosas medallas de oro olímpicas y títulos de campeón del mundo en diversas carreras de larga distancia. Kipchoge estaba considerado uno de los mejores corredores de maratón de todos los tiempos, pero aspiraba a un logro aún mayor: correr un maratón en menos de dos horas.

La barrera de las dos horas era un objetivo que corredores y expertos en running consideraban insuperable desde hacía tiempo. El récord mundial oficial de maratón era de 2 horas, 1 minuto y 39 segundos, establecido por el propio Kipchoge en el maratón de Berlín de 2018. Correr un maratón en menos de dos horas parecía una búsqueda imposible debido a las exigencias fisiológicas y las limitaciones de tiempo.

Sin embargo, Kipchoge creía en su mantra: "Ningún ser humano está limitado". Se asoció con el fabricante de equipamiento deportivo Nike y con un grupo de expertos en ciencias del deporte para afrontar este reto aparentemente insuperable. El intento de romper la barrera de las dos horas se ha bautizado como el Desafío INEOS 1:59.

Para lograr este objetivo, tenían que confluir una serie de factores. En primer lugar, el recorrido debía ser lo más llano y sin viento posible para optimizar el rendimiento de Kipchoge. El lugar elegido fue el Prater de Viena, un parque lineal a orillas del Danubio. Los organizadores seleccionaron meticulosamente un recorrido llano y rectilíneo de 9,6 kilómetros que Eliud Kipchoge tuvo que recorrer varias veces.

Otro factor clave fue la estrategia de carrera. Kipchoge contó con el apoyo de un equipo de corredores de relevos de talla mundial, que formaron en "V" para reducir la resistencia del aire. También le escoltaba un coche con una pantalla que mostraba el ritmo ideal de carrera, basado en los cálculos científicos más avanzados. Además, una armada de ciclistas siguió a Kipchoge para proporcionarle agua y suplementos nutricionales sin ralentizar su carrera.

La fecha del intento se eligió cuidadosamente para que las condiciones meteorológicas fueran óptimas. La prueba se planificó cuidadosamente para que tuviera lugar a primera hora de la mañana, cuando la temperatura era más baja, para minimizar el riesgo de sobrecalentamiento.

El día D, Eliud Kipchoge estaba en plena forma. Había dedicado meses a un entrenamiento intensivo y a una preparación mental para este intento histórico. El mundo entero estaba expectante por ver si lograba lo imposible.

La carrera comenzó a las 8.15 de la mañana, con Kipchoge marcando un ritmo constante y consistente. El atleta keniano corrió con una determinación inquebrantable, ignorando el dolor y la fatiga, concentrándose únicamente en la línea de meta.

A lo largo de la carrera, el ritmo de Kipchoge fue impresionante. Mantuvo un ritmo de unos 2 minutos y 50 segundos por kilómetro, muy por debajo de la velocidad necesaria para superar la barrera de las dos horas. El público, compuesto por miles de espectadores y aficionados de todo el mundo, le animó en todo momento.

Al acercarse a la meta, Kipchoge aceleró y rompió la barrera de las dos horas con un tiempo de 1 hora, 59 minutos y 40,2 segundos. El público estalló en vítores, y Kipchoge levantó los brazos en señal de victoria, sonriendo ampliamente. Había logrado lo imposible: superar la barrera de las dos horas en el maratón.

Sin embargo, hay que señalar que este récord no fue homologado como nuevo récord mundial oficial de maratón debido a las condiciones especiales del intento, en particular la asistencia de corredores de relevos y ciclistas. No obstante, esto no restó mérito a la extraordinaria hazaña de Kipchoge, que demostró que la determinación humana y la ciencia pueden superar los límites del rendimiento humano.

El éxito de Eliud Kipchoge en Viena inspiró a corredores de todo el mundo y reforzó la creencia en el poder de superarse a uno mismo. Su sencillo mensaje de que "ningún ser humano tiene límites" se ha convertido en un lema para todos los que aspiran a la excelencia en su campo.

Eliud Kipchoge es ya un icono mundial del atletismo, y su espectacular intento de romper la barrera de las dos horas quedará grabado para siempre en la historia del deporte. Es un recordatorio de que, incluso ante retos aparentemente insuperables, la perseverancia, la determinación y la fe en las propias capacidades pueden conducir a logros espectaculares.

3

L'ESCROQUERIE À LA PEINTURE DE WOLFGANG BELTRACCHI (2011)

Un faussaire d'art allemand révèle un monde de tromperie et d'artifice

Wolfgang Beltracchi est un nom qui résonne dans le monde de l'art pour une raison bien particulière : il est l'un des faussaires les plus talentueux et prolifiques de l'histoire de l'art. Au cours de sa carrière, Beltracchi a contrefait de nombreuses œuvres d'art célèbres, les a vendues comme authentiques sur le marché de l'art international et a ainsi généré des millions de dollars en bénéfices. Son histoire est à la fois fascinante et troublante, révélant les lacunes du marché de l'art et la capacité de certains individus à manipuler et à tromper les experts les plus chevronnés.

Né en Allemagne en 1951, Wolfgang Beltracchi a développé son amour pour l'art dès son plus jeune âge. Il a suivi une formation artistique et a acquis une connaissance approfondie des techniques et des styles des grands maîtres de la peinture. Cependant, sa carrière en tant qu'artiste professionnel n'a pas atteint le succès qu'il espérait. C'est à ce moment-là qu'il a décidé de prendre un chemin bien plus sombre.

Le modus operandi de Beltracchi était remarquablement astucieux. Il se spécialisa dans la création de faux tableaux qui semblaient être des œuvres perdues ou méconnues d'artistes célèbres tels que Max Ernst, Fernand Léger, Heinrich Campendonk, et bien d'autres. Pour donner plus de crédibilité à ses contrefaçons, Beltracchi utilisait des matériaux d'époque et des pigments anciens pour reproduire fidèlement la patine et la texture des toiles originales. L'une des clés de son succès était sa capacité à imiter parfaitement le style de chaque artiste, adaptant sa technique pour créer des œuvres qui semblaient authentiques. Il falsifiait également les signatures des artistes avec une précision stupéfiante. Beltracchi et sa compagne, Helene, travaillaient en tandem pour blanchir l'origine des peintures en fabriquant de faux documents provenant de collectionneurs privés ou d'archives fictives, créant ainsi une provenance solide pour chaque œuvre.

Au fil des années, Beltracchi a réussi à vendre de nombreuses de ses contrefaçons sur le marché de l'art international. Ses œuvres ont été exposées dans des galeries prestigieuses, vendues aux enchères et acquises par des collectionneurs réputés. Les experts en art étaient souvent dupés par la qualité de son travail et la fausse provenance des tableaux. Le scandale a éclaté en 2010, lorsque l'une de ses contrefaçons, une œuvre attribuée à Heinrich Campendonk, a été vendue aux enchères chez Christie's pour plus de 2,8 millions de dollars. Cependant, des experts en art ont commencé à douter de l'authenticité de la peinture et ont lancé une enquête approfondie. Les analyses techniques et la recherche sur la provenance ont finalement révélé que l'œuvre était un faux.

Lorsque les autorités allemandes ont commencé à enquêter sur Beltracchi, elles ont découvert l'ampleur de sa fraude artistique. En 2011, Wolfgang Beltracchi et sa compagne Helene ont été arrêtés et accusés de contrefaçon, d'escroquerie et de blanchiment d'argent. Le couple a été inculpé pour avoir fabriqué et vendu plus de 300 faux tableaux au cours de leur carrière, générant ainsi des profits estimés à plus de 45 millions de dollars.

Le procès de Wolfgang Beltracchi a été largement médiatisé et a mis en lumière la fragilité du marché de l'art face à la contrefaçon. Pendant le procès, Beltracchi a expliqué en détail ses méthodes, révélant les subtilités de son art de la falsification. Ses talents en matière d'imitation étaient stupéfiants, et il a admis avoir créé des contrefaçons si convaincantes qu'il lui était parfois difficile de distinguer ses œuvres des originales.

Finalement, en octobre 2011, Wolfgang Beltracchi a été condamné à six ans de prison pour ses crimes, tandis que sa compagne Helene a écopé de quatre ans. Les deux ont également été contraints de rembourser les millions de dollars obtenus grâce à leurs faux tableaux. Le scandale a secoué le monde de l'art et a suscité un débat sur les failles du marché de l'art, en particulier en ce qui concerne la vérification de l'authenticité des œuvres.

L'affaire Beltracchi a eu des répercussions durables sur l'industrie de l'art, incitant les experts à revoir leurs méthodes de vérification de l'authenticité et à renforcer les protocoles de recherche sur la provenance. Elle a également suscité un intérêt renouvelé pour les contrefaçons artistiques et les questions éthiques entourant la falsification d'œuvres d'art.

En fin de compte, l'histoire de Wolfgang Beltracchi est un rappel puissant de la vulnérabilité du monde de l'art face à la tromperie et de la nécessité de maintenir une vigilance constante pour protéger l'intégrité du patrimoine artistique mondial. Sa capacité à duper les experts en art les plus chevronnés reste un exemple frappant de la puissance de la créativité, même lorsqu'elle est utilisée à des fins illégales.

LA ESTAFA DEL CUADRO DE WOLFGANG BELTRACCHI (2011)

Un falsificador de arte alemán revela un mundo de engaños y artificios

Wolfgang Beltracchi es un nombre que resuena en el mundo del arte por una razón muy especial: es uno de los falsificadores más talentosos y prolíficos de la historia del arte. A lo largo de su carrera, Beltracchi ha falsificado numerosas obras de arte famosas, vendiéndolas como auténticas en el mercado internacional del arte y generando millones de dólares de beneficios en el proceso. Su historia es a la vez fascinante e inquietante, pues revela las deficiencias del mercado del arte y la capacidad de ciertos individuos para manipular y engañar a los expertos más experimentados.

Nacido en Alemania en 1951, Wolfgang Beltracchi desarrolló su amor por el arte desde una edad temprana. Se formó como artista y adquirió un profundo conocimiento de las técnicas y estilos de los grandes maestros de la pintura. Sin embargo, su carrera como artista profesional no alcanzó el éxito que esperaba. Fue entonces cuando decidió tomar un camino mucho más oscuro.

El modus operandi de Beltracchi era extraordinariamente inteligente. Se especializó en crear cuadros falsos que parecían obras perdidas o poco conocidas de artistas famosos como Max Ernst, Fernand Léger, Heinrich Campendonk y muchos otros. Para dar mayor credibilidad a sus falsificaciones, Beltracchi utilizaba materiales de época y pigmentos antiguos para reproducir fielmente la pátina y la textura de los cuadros originales. Una de las claves de su éxito era su habilidad para imitar a la perfección el estilo de cada artista, adaptando su técnica para crear obras que parecieran auténticas. También falsificaba las firmas de los artistas con una precisión asombrosa. Beltracchi y su socia, Helene, trabajaban en tándem para blanquear el origen de los cuadros fabricando documentos falsos de coleccionistas privados o archivos ficticios, creando una procedencia sólida para cada obra.

A lo largo de los años, Beltracchi ha conseguido vender muchas de sus falsificaciones en el mercado internacional del arte. Sus obras se expusieron en prestigiosas galerías, se vendieron en subastas y fueron adquiridas por conocidos coleccionistas. Los expertos en arte se dejaban engañar a menudo por la calidad de sus obras y la falsa procedencia de los cuadros. El escándalo estalló en 2010, cuando una de sus falsificaciones, una obra atribuida a Heinrich Campendonk, se vendió en una subasta de Christie's por más de 2,8 millones de dólares. Sin embargo, los expertos en arte empezaron a dudar de la autenticidad del cuadro e iniciaron una investigación en profundidad. El análisis técnico y la investigación de la procedencia revelaron finalmente que la obra era falsa.

Cuando las autoridades alemanas empezaron a investigar a Beltracchi, descubrieron el alcance de su fraude artístico. En 2011, Wolfgang Beltracchi y su pareja Helene fueron detenidos y acusados de falsificación, fraude y blanqueo de capitales. La pareja fue acusada de fabricar y vender más de 300 cuadros falsos a lo largo de su carrera, generando unos beneficios estimados en más de 45 millones de dólares.

El juicio de Wolfgang Beltracchi fue ampliamente cubierto por los medios de comunicación y puso de relieve la fragilidad del mercado del arte frente a la falsificación. Durante el juicio, Beltracchi explicó detalladamente sus métodos, revelando las sutilezas de su arte de falsificación. Su habilidad para la imitación era asombrosa, y admitió haber creado falsificaciones tan convincentes que a veces resultaba difícil distinguir sus obras de las originales.

Finalmente, en octubre de 2011, Wolfgang Beltracchi fue condenado a seis años de prisión por sus delitos, mientras que su compañera Helene recibió cuatro años. Ambos fueron obligados además a devolver los millones de dólares obtenidos con sus cuadros falsos. El escándalo sacudió el mundo del arte y suscitó un debate sobre los fallos del mercado del arte, en particular a la hora de verificar la autenticidad de las obras.

El caso Beltracchi ha tenido un impacto duradero en la industria del arte, incitando a los expertos a revisar sus métodos de verificación de la autenticidad y a reforzar los protocolos de investigación de la procedencia. También despertó un renovado interés por las falsificaciones de arte y las cuestiones éticas que rodean a la falsificación de obras de arte.

En última instancia, la historia de Wolfgang Beltracchi es un poderoso recordatorio de la vulnerabilidad del mundo del arte al engaño y de la necesidad de una vigilancia constante para proteger la integridad del patrimonio artístico mundial. Su capacidad para engañar incluso a los expertos en arte más avezados sigue siendo un ejemplo sorprendente del poder de la creatividad, incluso cuando se utiliza con fines ilegales.

4

L'AFFAIRE THERANOS (2016) :

L'ascension et la chute d'Elizabeth Holmes et de la société de biotechnologie qui a secoué le monde de la santé

Elizabeth Holmes était autrefois considérée comme l'une des figures les plus prometteuses et innovantes de la Silicon Valley. En 2003, à l'âge de seulement 19 ans, elle a fondé Theranos, une entreprise de biotechnologie qui prétendait révolutionner le monde des tests sanguins en proposant une technologie révolutionnaire. Cependant, en 2016, cette vision s'est effondrée lorsque Holmes a été inculpée pour avoir exagéré les capacités de sa technologie de tests sanguins, ce qui a attiré d'importants investissements malgré des preuves insuffisantes. L'affaire Theranos est devenue emblématique de la fraude dans le monde des startups et a soulevé des questions sur la réglementation de l'industrie de la santé et la responsabilité des entrepreneurs.

L'histoire de Theranos a commencé avec une idée ambitieuse : rendre les tests sanguins plus rapides, moins coûteux et plus accessibles. Elizabeth Holmes a prétendu que sa technologie révolutionnaire, baptisée "Edison", permettrait de réaliser des centaines de tests à partir d'une simple goutte de sang prélevée au bout du doigt. Cette promesse alléchante a rapidement attiré l'attention des investisseurs, des médias et du secteur de la santé, et Theranos a levé des centaines de millions de dollars en capital-risque, atteignant une valorisation de plusieurs milliards de dollars.

Cependant, dès le début, des doutes ont commencé à émerger. Des scientifiques et des experts en biotechnologie ont soulevé des questions sur la validité scientifique de la technologie d'Edison, en mettant en doute la capacité de la machine à produire des résultats fiables à partir d'une petite quantité de sang. De plus, l'opacité entourant la technologie de Theranos et le secret entretenu par Holmes sur le fonctionnement précis de la machine ont alimenté les soupçons.

Malgré les inquiétudes croissantes, Elizabeth Holmes a continué à promouvoir Theranos comme une entreprise révolutionnaire et à attirer des investisseurs de renom, dont des personnalités telles que Rupert Murdoch, Larry Ellison et Betsy DeVos. L'entreprise a également signé des partenariats avec de grandes chaînes de pharmacies, promettant de déployer ses machines dans des centaines de sites à travers le pays.

L'affaire Theranos d' Elizabeth Holmes a véritablement éclaté en 2015 lorsque le Wall Street Journal a publié une série d'articles d'investigation révélant les incohérences et les problèmes liés à la technologie d'Edison. Les enquêtes du journal ont démontré que Theranos utilisait fréquemment des machines de laboratoire conventionnelles pour réaliser la plupart de ses tests, au lieu de sa technologie révolutionnaire, et que les résultats étaient souvent peu fiables. Les employés de l'entreprise ont également fait part de leurs préoccupations concernant la qualité des tests.

Elizabeth Holmes a rapidement réagi en défendant l'intégrité de Theranos et en accusant le Wall Street Journal de diffamation. Cependant, les enquêtes se sont multipliées, notamment celles de la Food and Drug Administration (FDA) et du Centers for Medicare and Medicaid Services (CMS), qui ont révélé de graves problèmes de conformité réglementaire chez Theranos. En 2016, la FDA a interdit à Holmes de diriger un laboratoire médical pendant deux ans.

L'effondrement de Theranos a été rapide et brutal. L'entreprise a dû fermer ses centres de tests, annuler ses partenariats et faire face à une série de poursuites judiciaires de la part d'investisseurs floués. En mars 2018, Elizabeth Holmes et Ramesh "Sunny" Balwani, l'ancien président de l'entreprise, ont été inculpés de fraude pénale et de complot en vue de commettre une fraude criminelle. Les accusations portaient sur la tromperie des investisseurs, des médecins et des patients sur la fiabilité de la technologie de Theranos.

Le procès très médiatisé d'Elizabeth Holmes a débuté en septembre 2021, et il a mis en lumière les détails troublants de la fraude présumée. Les procureurs ont soutenu que Holmes avait sciemment exagéré les capacités de la technologie de Theranos et avait trompé les investisseurs en cachant les problèmes techniques majeurs de l'entreprise. Les témoignages d'anciens employés ont également révélé un climat de travail toxique, où la pression pour maintenir la façade de l'entreprise était omniprésente.

Pendant le procès, Elizabeth Holmes a plaidé non coupable, affirmant qu'elle avait agi de bonne foi et qu'elle croyait en la validité de la technologie de Theranos. Elle a déclaré que les échecs de l'entreprise étaient dus à des problèmes techniques qui n'avaient pas été résolus à temps. Les avocats de la défense ont tenté de remettre en question la crédibilité des témoins à charge et ont suggéré que Holmes était une cible facile en raison de sa notoriété.

Le procès a duré plusieurs mois et a été suivi de près par les médias et le public. Finalement, en septembre 2021, le jury a rendu son verdict. Elizabeth Holmes a été reconnue coupable de quatre chefs d'accusation de fraude électronique et de deux chefs d'accusation de conspiration en vue de commettre une fraude électronique. Cependant, elle a été acquittée de quatre autres chefs d'accusation de fraude électronique. Elle risque désormais une peine de prison pouvant aller jusqu'à 20 ans.

L'affaire Theranos a eu un impact significatif sur le monde de la technologie, de la santé et des investissements. Elle a mis en lumière les dangers de l'hyping excessif des entreprises, en particulier dans le secteur de la biotechnologie, où les enjeux pour la santé et la sécurité du public sont élevés. Elle a également soulevé des questions sur la réglementation des startups de santé et la nécessité d'une surveillance accrue de la part des organismes de réglementation.

En fin de compte, l'affaire Theranos est un rappel puissant de l'importance de la transparence, de l'intégrité et de la responsabilité dans le monde des affaires. Elizabeth Holmes, autrefois considérée comme une entrepreneure prodige, a vu sa réputation s'effondrer en raison de ses actions présumées. Son histoire est devenue emblématique de la façon dont les promesses vides et les prétentions exagérées peuvent conduire à la chute d'une entreprise et à des conséquences juridiques graves.

EL CASO THERANOS (2016):

Auge y caída de Elizabeth Holmes y la empresa biotecnológica que sacudió el mundo sanitario

Elizabeth Holmes fue considerada en su día una de las figuras más prometedoras e innovadoras de Silicon Valley. En 2003, con solo 19 años, fundó Theranos, una empresa biotecnológica que pretendía revolucionar el mundo de los análisis de sangre con una tecnología revolucionaria. Sin embargo, en 2016, esta visión se vino abajo cuando Holmes fue acusada de exagerar las capacidades de su tecnología de análisis de sangre, que atrajo importantes inversiones a pesar de no contar con pruebas suficientes. El caso Theranos se convirtió en emblemático del fraude en el mundo de las startups y planteó cuestiones sobre la regulación del sector sanitario y la responsabilidad empresarial.

La historia de Theranos comenzó con una idea ambiciosa: hacer los análisis de sangre más rápidos, baratos y accesibles. Elizabeth Holmes afirmaba que su revolucionaria tecnología, apodada "Edison", permitiría realizar cientos de análisis con una sola gota de sangre extraída de la punta del dedo. Esta tentadora promesa atrajo rápidamente la atención de los inversores, los medios de comunicación y el sector sanitario, y Theranos recaudó cientos de millones de dólares en capital riesgo, alcanzando una valoración de varios miles de millones de dólares.

Sin embargo, desde el principio empezaron a surgir dudas. Científicos y expertos en biotecnología pusieron en duda la validez científica de la tecnología de Edison, cuestionando la capacidad de la máquina para producir resultados fiables a partir de una pequeña cantidad de sangre. Además, la opacidad que rodeaba a la tecnología de Theranos y el secretismo de Holmes sobre el funcionamiento exacto de la máquina alimentaron las sospechas.

A pesar de las crecientes preocupaciones, Elizabeth Holmes ha seguido promocionando Theranos como una empresa revolucionaria y atrayendo a inversores de alto nivel, como Rupert Murdoch, Larry Ellison y Betsy DeVos. La empresa también se ha asociado con grandes cadenas de farmacias y ha prometido instalar sus máquinas en cientos de centros de todo el país.

El caso Theranos de Elizabeth Holmes estalló realmente en 2015, cuando el Wall Street Journal publicó una serie de artículos de investigación que revelaban incoherencias y problemas con la tecnología de Edison. Las investigaciones del periódico mostraron que Theranos utilizaba con frecuencia máquinas de laboratorio convencionales para realizar la mayoría de sus pruebas, en lugar de su revolucionaria tecnología, y que los resultados eran a menudo poco fiables. Los empleados de la empresa también expresaron su preocupación por la calidad de las pruebas.

Elizabeth Holmes respondió rápidamente defendiendo la integridad de Theranos y acusando al Wall Street Journal de difamación. Sin embargo, aumentaron las investigaciones, incluidas las de la Administración de Alimentos y Medicamentos (FDA) y los Centros de Servicios de Medicare y Medicaid (CMS), que revelaron graves problemas de cumplimiento normativo en Theranos. En 2016, la FDA prohibió a Holmes dirigir un laboratorio médico durante dos años.

El hundimiento de Theranos ha sido rápido y brutal. La empresa ha tenido que cerrar sus centros de pruebas, cancelar asociaciones y enfrentarse a una serie de demandas de inversores engañados. En marzo de 2018, Elizabeth Holmes y Ramesh 'Sunny' Balwani, expresidente de la empresa, fueron acusados de fraude criminal y conspiración para cometer fraude criminal. Los cargos estaban relacionados con el engaño a inversores, médicos y pacientes sobre la fiabilidad de la tecnología de Theranos.

El juicio de alto nivel contra Elizabeth Holmes comenzó en septiembre de 2021, sacando a la luz los inquietantes detalles del presunto fraude. Los fiscales argumentaron que Holmes había exagerado a sabiendas las capacidades de la tecnología de Theranos y engañado a los inversores ocultando los principales problemas técnicos de la empresa. Los testimonios de antiguos empleados también revelaron un ambiente de trabajo tóxico, en el que la presión para mantener la fachada de la empresa era omnipresente.

Durante el juicio, Elizabeth Holmes se declaró inocente, afirmando que había actuado de buena fe y creía en la validez de la tecnología de Theranos. Afirmó que los fallos de la empresa se debían a problemas técnicos que no se habían resuelto a tiempo. Los abogados defensores trataron de cuestionar la credibilidad de los testigos de la acusación y sugirieron que Holmes era un blanco fácil debido a su notoriedad.

El juicio duró varios meses y fue seguido de cerca por los medios de comunicación y el público. Finalmente, en septiembre de 2021, el jurado emitió su veredicto.

Elizabeth Holmes fue condenada por cuatro cargos de fraude electrónico y dos cargos de conspiración para cometer fraude electrónico. Sin embargo, fue absuelta de otros cuatro cargos de fraude electrónico. Ahora se enfrenta a una pena de prisión de hasta 20 años.

El caso Theranos ha tenido un impacto significativo en el mundo de la tecnología, la salud y la inversión. Ha puesto de relieve los peligros de una excesiva exageración empresarial, sobre todo en el sector de la biotecnología, donde hay mucho en juego en materia de salud y seguridad públicas. También ha planteado cuestiones sobre la regulación de las nuevas empresas sanitarias y la necesidad de una mayor supervisión por parte de los reguladores.

En última instancia, el asunto Theranos es un poderoso recordatorio de la importancia de la transparencia, la integridad y la responsabilidad en el mundo empresarial. Elizabeth Holmes, considerada en su día un prodigio empresarial, vio cómo su reputación se desplomaba como consecuencia de sus presuntas acciones. Su historia se ha convertido en un ejemplo emblemático de cómo las promesas vacías y las afirmaciones exageradas pueden llevar a la ruina de una empresa y acarrear graves consecuencias jurídicas.

5

L'AFFAIRE DE L'OR FALSIFIÉ DE CHINE (2016)

Une fraude à grande échelle qui a ébranlé la confiance dans l'or

L'or a de tout temps fasciné l'humanité en raison de sa rareté, de sa beauté et de sa valeur intrinsèque. Il a été utilisé comme monnaie, symbole de richesse et actif d'investissement depuis des millénaires. En Chine, le goût pour l'or a une histoire riche et ancienne, mais en 2016, le pays a été le théâtre d'une escroquerie d'envergure impliquant de l'or falsifié. Des lingots d'or contrefaits ont été découverts, où les fraudeurs avaient recouvert des lingots de cuivre avec une fine couche d'or. Ces faux lingots ont été vendus à des investisseurs crédules à des prix élevés, entraînant des conséquences financières et une perte de confiance dans le marché de l'or.

L'affaire de l'or falsifié de Chine a révélé une fraude sophistiquée et organisée qui a secoué l'industrie de l'or et a suscité des inquiétudes quant à l'intégrité du marché. Cette fraude a mis en lumière les risques auxquels peuvent être exposés les investisseurs et les collectionneurs d'or, même dans un pays réputé pour sa production et son commerce d'or. L'or a une place particulièrement importante dans la culture chinoise en tant que symbole de richesse, de prospérité et de statut social. Les investissements dans l'or, notamment sous forme de lingots, de pièces de monnaie et de bijoux, sont très courants en Chine, où la demande d'or physique est traditionnellement forte. Cette demande a été renforcée par la montée en puissance économique du pays au cours des dernières décennies, et de nombreux Chinois voient l'or comme une forme d'investissement solide et une protection contre l'inflation.

C'est dans ce contexte que des fraudeurs ont décidé d'exploiter la vénération de l'or en Chine pour leur propre bénéfice. Ils ont mis au point une opération de contrefaçon extrêmement ingénieuse qui consistait à recouvrir des lingots de cuivre avec une mince couche d'or véritable. L'or est naturellement très dense, ce qui signifie qu'une petite quantité d'or pur peut recouvrir une grande surface. Les fraudeurs utilisaient du cuivre bon marché comme matériau de base, puis appliquaient une fine couche d'or par électroplacage.

L'extérieur des lingots ainsi obtenus était en or véritable, ce qui les rendait presque indiscernables des lingots d'or authentiques. Ils avaient le poids, les dimensions et l'apparence d'un lingot d'or standard. Cependant, l'intérieur du lingot était en cuivre, ce qui signifie qu'il ne valait qu'une fraction de la valeur d'un véritable lingot d'or.

Pour rendre l'arnaque encore plus crédible, les fraudeurs ont frappé les faux lingots avec des marques et des numéros de série, imitant ainsi les pratiques standard des fonderies d'or. Ils les ont ensuite introduits sur le marché chinois de l'or, où ils ont été achetés par des investisseurs, des collectionneurs et même des institutions financières qui pensaient acquérir de l'or véritable.

L'escroquerie a fonctionné pendant un certain temps, car les acheteurs étaient souvent convaincus de la validité des lingots. Le fait que l'extérieur était en or réel trompait les gens, et les fraudeurs pouvaient vendre ces faux lingots à des prix proches de ceux des lingots d'or authentiques. Ils ont également profité de la demande croissante d'or en Chine en raison de l'incertitude économique mondiale et de l'attrait traditionnel de l'or comme investissement sûr. Cependant, en 2016, l'escroquerie a commencé à se révéler. Plusieurs investisseurs ont découvert que leurs lingots d'or, qu'ils avaient achetés à prix d'or, étaient en réalité des contrefaçons. Cette découverte a suscité une vague d'inquiétude parmi les investisseurs en Chine et a provoqué une enquête gouvernementale approfondie.

Les autorités chinoises ont rapidement identifié les coupables et ont procédé à des arrestations. Plusieurs personnes impliquées dans la fraude ont été appréhendées, notamment des fabricants de lingots contrefaits, des revendeurs et des intermédiaires. L'enquête a également révélé l'existence de réseaux de distribution sophistiqués qui avaient facilité la vente des faux lingots à travers tout le pays.

Lorsque la véritable ampleur de l'escroquerie a été révélée, cela a eu un impact significatif sur la confiance dans le marché de l'or en Chine. De nombreux investisseurs ont commencé à remettre en question l'authenticité de leurs propres lingots, et l'industrie de l'or a dû prendre des mesures pour renforcer la sécurité et la traçabilité de ses produits.

Les autorités chinoises ont également renforcé la réglementation sur le marché de l'or, exigeant une supervision plus stricte des transactions et imposant des normes de qualité plus élevées pour les produits en or. Cette réglementation accrue visait à protéger les investisseurs et à rétablir la confiance dans le marché de l'or.

L'affaire de l'or falsifié de Chine a mis en lumière les risques liés à l'investissement dans des actifs physiques, même lorsqu'il s'agit d'or, un actif traditionnellement considéré comme sûr. Elle a rappelé aux investisseurs l'importance de la diligence raisonnable et de la vérification de l'authenticité des produits en or, en particulier dans un marché où la demande est élevée et les opportunités de fraude sont présentes.

En fin de compte, l'escroquerie de l'or falsifié de Chine a eu des conséquences durables sur le marché de l'or du pays, tout en servant de mise en garde contre les escroqueries sophistiquées qui peuvent surgir même dans les marchés les plus établis. Elle rappelle que, quelle que soit la valeur intrinsèque d'un actif, il est essentiel de faire preuve de prudence et de vigilance lors de tout investissement financier.

EL CASO DEL ORO

ADULTERADO DE CHINA

(2016)

El fraude a gran escala ha hecho tambalearse la confianza en el oro

El oro siempre ha fascinado a la humanidad por su rareza, belleza y valor intrínseco. Se ha utilizado como moneda, símbolo de riqueza y activo de inversión durante miles de años. En China, el gusto por el oro tiene una rica y antigua historia, pero en 2016 el país fue escenario de una gran estafa con oro falsificado. Se descubrieron lingotes de oro falsificados, en los que los estafadores habían recubierto lingotes de cobre con una fina capa de oro. Estos lingotes falsificados se vendieron a inversores crédulos a precios elevados, lo que tuvo consecuencias financieras y una pérdida de confianza en el mercado del oro.

El asunto del oro falso chino reveló un fraude sofisticado y organizado que sacudió la industria del oro y suscitó inquietud sobre la integridad del mercado. El fraude puso de manifiesto los riesgos a los que pueden exponerse los inversores y coleccionistas de oro, incluso en un país famoso por su producción y comercio de oro. El oro ocupa un lugar especialmente importante en la cultura china como símbolo de riqueza, prosperidad y estatus social. Las inversiones en oro, sobre todo en forma de lingotes, monedas y joyas, son muy comunes en China, donde la demanda de oro físico ha sido tradicionalmente fuerte. Esta demanda se ha visto reforzada por el auge económico del país en las últimas décadas, y muchos chinos ven en el oro una forma sólida de inversión y una protección contra la inflación.

Con este telón de fondo, los estafadores decidieron explotar la veneración china por el oro en su propio beneficio. Idearon una ingeniosa operación de falsificación que consistía en cubrir los lingotes de cobre con una fina capa de oro auténtico. El oro es muy denso por naturaleza, lo que significa que una pequeña cantidad de oro puro puede cubrir una gran superficie. Los estafadores utilizaban cobre barato como material de base y luego aplicaban una fina capa de oro mediante galvanoplastia.

El exterior de los lingotes resultantes era de oro auténtico, por lo que casi no se distinguían de los lingotes de oro genuinos. Tenían el peso, las dimensiones y la apariencia de un lingote de oro normal. Sin embargo, el interior del lingote era de cobre, lo que significaba que sólo valía una fracción del valor de un lingote de oro auténtico.

Para hacer aún más creíble la estafa, los estafadores estampaban los lingotes falsos con marcas y números de serie, imitando las prácticas habituales de fundición de oro. A continuación, los introducían en el mercado chino del oro, donde eran comprados por inversores, coleccionistas e incluso entidades financieras que pensaban que estaban adquiriendo oro auténtico.

La estafa funcionó durante un tiempo, ya que los compradores solían convencerse de la validez de los lingotes. El hecho de que el exterior estuviera hecho de oro auténtico engañaba a la gente, y los estafadores podían vender estos lingotes falsos a precios cercanos a los de los lingotes de oro auténticos. También se beneficiaron de la creciente demanda de oro en China debido a la incertidumbre económica mundial y al tradicional atractivo del oro como inversión segura. Sin embargo, en 2016, la estafa comenzó a revelarse. Varios inversores descubrieron que sus lingotes de oro, que habían comprado con sobreprecio, eran en realidad falsos. Este descubrimiento provocó una oleada de inquietud entre los inversores en China e impulsó una investigación gubernamental en profundidad.

Las autoridades chinas identificaron rápidamente a los culpables y procedieron a su detención. Se detuvo a varias personas implicadas en el fraude, entre ellas fabricantes de lingotes falsificados, revendedores e intermediarios. La investigación también reveló la existencia de sofisticadas redes de distribución que habían facilitado la venta de lingotes falsificados en todo el país.

Cuando se reveló la verdadera magnitud de la estafa, tuvo un impacto significativo en la confianza en el mercado chino del oro. Muchos inversores empezaron a cuestionar la autenticidad de sus propios lingotes, y la industria del oro se vio obligada a tomar medidas para reforzar la seguridad y trazabilidad de sus productos.

Las autoridades chinas también han endurecido la normativa del mercado del oro, exigiendo una supervisión más estricta de las transacciones e imponiendo normas de calidad más estrictas para los productos del oro. El objetivo de esta mayor regulación era proteger a los inversores y restablecer la confianza en el mercado del oro.

El asunto del oro falso chino ha puesto de relieve los riesgos asociados a la inversión en activos físicos, incluso en oro, un activo tradicionalmente considerado seguro. Ha recordado a los inversores la importancia de la diligencia debida y la verificación de la autenticidad de los productos de oro, especialmente en un mercado donde la demanda es elevada y las oportunidades de fraude están presentes.

En última instancia, la estafa del oro falso en China ha tenido un impacto duradero en el mercado del oro del país, al tiempo que ha servido de advertencia sobre las sofisticadas estafas que pueden surgir incluso en los mercados más consolidados. Sirve para recordar que, sea cual sea el valor intrínseco de un activo, es esencial actuar con cautela y vigilancia al realizar cualquier inversión financiera.

6

L'ESCROQUERIE À LA SOCIÉTÉ DE PLACEMENT DE STANFORD (2009)

L'effondrement d'un empire financier et la condamnation d'Allen Stanford

L'affaire de l'escroquerie à la société de placement de Stanford en 2009 est l'un des plus grands scandales financiers de la première décennie du XXIe siècle. Elle a ébranlé la confiance des investisseurs, révélé des failles dans la réglementation financière et conduit à la condamnation d'Allen Stanford, un financier autrefois puissant, pour avoir dirigé une fraude de 7 milliards de dollars en vendant de faux certificats de dépôt (CD) à des investisseurs.

Allen Stanford était un entrepreneur charismatique et ambitieux originaire du Texas. Il avait fondé la Stanford Financial Group, une société de services financiers basée à Houston, au Texas, qui comprenait la Stanford International Bank, basée en Antigua et Barbuda.

L'entreprise se présentait comme une alternative aux grandes banques et promettait des rendements élevés et stables grâce à ses certificats de dépôt.

La clé de cette fraude massive était l'utilisation des CD, un instrument financier bien connu et généralement considéré comme sûr. Les investisseurs étaient attirés par la promesse de rendements élevés, mais Allen Stanford et ses collaborateurs leur vendaient en réalité des CD falsifiés. Ils prétendaient que les investissements étaient placés dans des comptes bancaires sûrs et liquides, mais en réalité, une grande partie de l'argent alimentait le style de vie luxueux de Stanford et de son entourage, ainsi que des investissements risqués et des prêts à des entreprises associées.

L'escroquerie était sophistiquée et bien orchestrée. Stanford avait mis en place un réseau d'intermédiaires et de courtiers qui vendaient activement les CD falsifiés à travers le monde, en ciblant principalement des investisseurs individuels et des entreprises. Ils utilisaient des tactiques de marketing agressives et faisaient valoir la sécurité des investissements grâce à l'utilisation d'Antigua et Barbuda comme base, où la réglementation était laxiste et la supervision quasi inexistante.

Les investisseurs étaient convaincus que leurs fonds étaient en sécurité, et la société Stanford fournissait de faux rapports de performance affirmant que leurs investissements étaient en constante croissance. Cette illusion de stabilité financière a permis à l'escroquerie de perdurer pendant des années, attirant des milliers de clients et accumulant des milliards de dollars.

Cependant, en 2008, des signes avant-coureurs de la fraude ont commencé à émerger. Des enquêtes journalistiques ont remis en question la viabilité des rendements offerts par Stanford Financial Group et ont soulevé des doutes sur la transparence de l'entreprise. La Securities and Exchange Commission (SEC), l'organisme de réglementation des marchés financiers aux États-Unis, a également commencé à enquêter sur les activités de Stanford.

La véritable secousse est survenue en février 2009, lorsque les autorités américaines ont déposé une plainte civile contre Allen Stanford et plusieurs de ses associés, les accusant de fraude massive et de violation des lois sur les valeurs mobilières. Cela a conduit à la saisie de leurs biens et à la mise en faillite de Stanford Financial Group.

Le scandale a eu des répercussions dévastatrices. Des milliers d'investisseurs se sont retrouvés avec des économies perdues, et de nombreuses entreprises affiliées à Stanford ont fait faillite. L'impact économique a été particulièrement ressenti à Antigua et Barbuda, où la Stanford International Bank était l'un des principaux employeurs et un acteur majeur de l'économie locale.

Les enquêtes sur la fraude ont révélé l'étendue choquante de la tromperie. Les autorités ont découvert que les fonds des investisseurs avaient été utilisés pour financer des achats de biens immobiliers, des yachts, des avions privés et d'autres luxes pour Stanford et ses proches. De plus, l'argent avait été investi dans des entreprises risquées et non rentables, au lieu d'être placé de manière sûre et liquide, comme promis aux investisseurs.

Le procès d'Allen Stanford a été un événement médiatique majeur. Il a commencé en 2012, et l'accusé a nié toutes les accusations portées contre lui. Les témoignages des victimes, des employés de Stanford Financial Group et des experts financiers ont fourni un tableau accablant des opérations frauduleuses de l'entreprise.

L'une des preuves les plus convaincantes était un enregistrement vidéo de Stanford lui- même, dans lequel il semblait avouer la fraude. Lors d'une confrontation tendue avec des enquêteurs de la SEC, il avait admis qu'il n'avait pas révélé au public la véritable nature de ses investissements. Cette preuve a eu un impact dévastateur sur sa défense.

En 2012, Allen Stanford a été reconnu coupable de 13 chefs d'accusation, dont fraude, complot et obstruction à la justice. Il a été condamné à 110 ans de prison en juin 2012. Sa peine était symbolique, puisqu'il avait 62 ans à l'époque et n'avait aucune chance de sortir de prison de son vivant. La cour l'a également condamné à payer une amende de plus de 5 milliards de dollars, dans le but de rembourser une partie des pertes subies par les investisseurs.

L'affaire de l'escroquerie à la société de placement de Stanford a eu des implications durables pour le monde de la finance et de la réglementation. Elle a mis en évidence les lacunes dans la surveillance des régulateurs financiers et a renforcé la nécessité de protéger les investisseurs contre les fraudes. L'affaire a également attiré l'attention sur l'importance de la transparence financière et de la diligence raisonnable lors de la sélection d'investissements.

En fin de compte, l'histoire d'Allen Stanford et de sa société de placement est un avertissement puissant contre la cupidité et la fraude dans le monde de la finance. Elle rappelle aux investisseurs et aux régulateurs que même les entrepreneurs apparemment prospères peuvent se révéler être des fraudeurs habiles. L'affaire Stanford reste l'un des chapitres les plus sombres de l'histoire financière moderne, un rappel brutal des conséquences de la tromperie à grande échelle.

LA ESTAFA DE LA SOCIEDAD DE INVERSIÓN STANFORD (2009)

El hundimiento de un imperio financiero y la condena de Allen Stanford

La estafa de las inversiones de Stanford en 2009 es uno de los mayores escándalos financieros de la primera década del siglo XXI. Sacudió la confianza de los inversores, sacó a la luz fallos en la regulación financiera y condujo a la condena de Allen Stanford, otrora poderoso financiero, por ser el cerebro de un fraude de 7.000 millones de dólares mediante la venta de certificados de depósito (CD) falsos a los inversores.

Allen Stanford era un carismático y ambicioso empresario de Texas. Fundó el Stanford Financial Group, una empresa de servicios financieros con sede en Houston

(Texas), que incluía el Stanford International Bank, con sede en Antigua y Barbuda.

La empresa se presentaba como una alternativa a los grandes bancos, prometiendo rendimientos elevados y estables gracias a sus certificados de depósito.

La clave de este fraude masivo fue el uso de CD, un conocido instrumento financiero generalmente considerado seguro. Se atrajo a los inversores con la promesa de altos rendimientos, pero Allen Stanford y sus socios en realidad les estaban vendiendo CD falsificados. Afirmaban que las inversiones se colocaban en cuentas bancarias seguras y líquidas, pero en realidad gran parte del dinero se utilizaba para alimentar el fastuoso estilo de vida de Stanford y su entorno, así como inversiones de riesgo y préstamos a empresas asociadas.

La estafa era sofisticada y estaba bien orquestada. Stanford había creado una red de intermediarios y corredores que vendían activamente los CD falsificados en todo el mundo, dirigidos principalmente a inversores particulares y empresas. Utilizaban tácticas de marketing agresivas y promocionaban la seguridad de las inversiones utilizando Antigua y Barbuda como base, donde la regulación era laxa y la supervisión prácticamente inexistente.

Los inversores estaban convencidos de que sus fondos estaban seguros y Stanford proporcionaba informes de rendimiento falsos en los que afirmaba que sus inversiones crecían de forma constante. Esta ilusión de estabilidad financiera permitió que la estafa continuara durante años, atrayendo a miles de clientes y acumulando miles de millones de dólares.

Sin embargo, en 2008 empezaron a surgir señales de alarma de fraude. Las investigaciones periodísticas cuestionaron la viabilidad de los rendimientos ofrecidos por Stanford Financial Group y suscitaron dudas sobre la transparencia de la empresa. La Securities and Exchange Commission (SEC), el regulador de los mercados financieros de Estados Unidos, también empezó a investigar las actividades de Stanford.

La verdadera conmoción llegó en febrero de 2009, cuando las autoridades estadounidenses presentaron una demanda civil contra Allen Stanford y varios de sus socios, acusándoles de fraude masivo y violación de las leyes sobre valores. Esto llevó al embargo de sus activos y a la quiebra del Stanford Financial Group.

El escándalo tuvo repercusiones devastadoras. Miles de inversores perdieron sus ahorros y muchas empresas afiliadas a Stanford quebraron. El impacto económico se dejó sentir especialmente en Antigua y Barbuda, donde el

Stanford International Bank era uno de los principales empleadores y un actor importante en la economía local.

Las investigaciones sobre el fraude revelaron el escandaloso alcance del engaño. Las autoridades descubrieron que los fondos de los inversores se habían utilizado para financiar la compra de propiedades, yates, jets privados y otros lujos para Stanford y sus familiares. Además, el dinero se había invertido en empresas arriesgadas y poco rentables, en lugar de en las inversiones seguras y líquidas prometidas a los inversores.

El juicio de Allen Stanford fue un gran acontecimiento mediático. Comenzó en 2012 y el acusado negó todos los cargos que se le imputaban. Los testimonios de víctimas, empleados del Stanford Financial Group y expertos financieros ofrecieron una imagen condenatoria de las operaciones fraudulentas de la empresa.

Una de las pruebas más convincentes fue una grabación de vídeo del propio Stanford, en la que parecía confesar el fraude. En una tensa confrontación con los investigadores de la SEC, admitió que no había revelado al público la verdadera naturaleza de sus inversiones. Esta prueba tuvo un impacto devastador en su defensa.

En 2012, Allen Stanford fue declarado culpable de 13 cargos, entre ellos fraude, conspiración y obstrucción a la justicia. Fue condenado a 110 años de prisión en junio de

2012. Su sentencia fue simbólica, ya que en ese momento tenía 62 años y no tenía ninguna posibilidad de salir de prisión en su vida. El tribunal también le ordenó pagar una multa de más de 5.000 millones de dólares, con el objetivo de reembolsar parte de las pérdidas sufridas por los inversores.

La estafa de la sociedad de inversión Stanford ha tenido implicaciones duraderas para el mundo de las finanzas y la regulación. Puso de manifiesto lagunas en la supervisión de los reguladores financieros y reforzó la necesidad de proteger a los inversores frente al fraude. El caso también llamó la atención sobre la importancia de la transparencia financiera y la diligencia debida a la hora de seleccionar inversiones.

En última instancia, la historia de Allen Stanford y su empresa de inversiones es una poderosa advertencia contra la codicia y el fraude en el mundo de las finanzas. Recuerda a los inversores y a los reguladores que incluso los empresarios aparentemente exitosos pueden convertirse en hábiles defraudadores. El caso Stanford sigue siendo uno de los capítulos más oscuros de la historia financiera moderna, un duro recordatorio de las consecuencias del engaño a gran escala.

7

LA DÉCOUVERTE DU TRÉSOR
DE STAFFORDSHIRE

L'Inestimable Héritage Anglo-Saxon

L'histoire du trésor de Staffordshire est un récit spectaculaire de découverte archéologique qui a captivé le monde et a révélé un trésor d'une valeur inestimable, offrant un aperçu fascinant de la culture et de l'histoire anglo-saxonnes. En septembre 2009, un homme du nom de Terry Herbert, muni d'un détecteur de métaux, a fait une découverte extraordinaire dans un champ de Staffordshire, en Angleterre, qui allait bouleverser la communauté archéologique et révéler un trésor caché depuis plus de 1 300 ans.

Terry Herbert, un amateur d'archéologie passionné, avait l'habitude de parcourir la campagne anglaise à la recherche de trésors cachés depuis des années. Un jour, alors qu'il prospectait dans un champ avec son détecteur de métaux, il a reçu un signal exceptionnellement fort. En creusant à l'endroit indiqué, il a découvert un objet en métal incrusté de pierres précieuses. C'était le début d'une série de découvertes qui allaient changer sa vie et la compréhension de l'histoire britannique.

Terry Herbert avait découvert une grande quantité d'objets en or et en argent, magnifiquement travaillés et ornés de gemmes. Les objets semblaient appartenir à une époque ancienne, mais il ne se doutait pas de la véritable portée de sa découverte. Il a rapidement contacté les autorités locales et les archéologues pour signaler sa trouvaille. Les archéologues ont été stupéfaits par l'ampleur de la découverte. En fouillant le site, ils ont mis au jour un trésor de plus de 3 500 objets en métal précieux, dont des bijoux, des armes, des ustensiles, et des pièces de monnaie. La plupart de ces objets étaient d'origine anglo-saxonne, datant du VIIe siècle, une époque où les royaumes anglo-saxons étaient en conflit constant.

Parmi les pièces maîtresses du trésor, on trouvait une épée magnifiquement ornée, des harnais de cheval richement décorés, et une étonnante croix en or incrustée de gemmes. Chaque objet était une œuvre d'art en soi, témoignant du savoir-faire et du talent des artisans de l'époque.

L'ensemble du trésor de Staffordshire a été soigneusement examiné et daté par des archéologues et des experts en histoire. Il a été confirmé comme étant l'un des trésors les plus importants jamais découverts en Grande-Bretagne. Les objets étaient incroyablement bien conservés en raison de la façon dont ils avaient été enterrés, avec certains d'entre eux encore brillants comme s'ils avaient été fabriqués récemment.

L'importance historique de la découverte était immense. Elle fournissait un aperçu précieux de la période anglo-saxonne, une époque où l'Angleterre était divisée en plusieurs royaumes rivaux. Le trésor de Staffordshire suggérait que ces objets étaient probablement des offrandes rituelles ou des dépôts votifs délibérément cachés dans le sol, peut-être en l'honneur des dieux ou pour sceller un pacte.

La découverte a également soulevé des questions sur l'identité des personnes qui avaient créé ces objets et sur la signification de leur symbolisme complexe. Les archéologues et les historiens ont travaillé sans relâche pour étudier les objets et élucider leur contexte historique.

La renommée du trésor de Staffordshire s'est rapidement répandue dans le monde entier, attirant des visiteurs du monde entier. Les objets ont été exposés dans plusieurs musées britanniques, notamment au British

Museum de Londres, où ils ont été admirés par des millions de personnes. La découverte a également suscité un regain d'intérêt pour l'histoire anglo-saxonne et a contribué à une meilleure compréhension de cette période cruciale de l'histoire britannique.

En 2010, le trésor de Staffordshire a été déclaré trésor national, ce qui signifie qu'il appartenait à la nation britannique. Les objets ont été évalués à plusieurs millions de livres sterling, mais leur valeur historique et culturelle était incalculable.

La découverte du trésor de Staffordshire restera à jamais un témoignage spectaculaire de l'histoire britannique et de l'ingéniosité des peuples anglo-saxons. Elle rappelle que, même dans un monde moderne, des trésors enfouis depuis des siècles peuvent être découverts par des amateurs passionnés et qu'ils ont le pouvoir de bouleverser notre compréhension de l'histoire. Cette histoire est un rappel de la richesse de notre patrimoine culturel et de l'importance de le préserver pour les générations futures.

EL DESCUBRIMIENTO DEL TESORO DE STAFFORDSHIRE

La inestimable herencia anglosajona

La historia del tesoro de Staffordshire es un espectacular relato de descubrimiento arqueológico que ha cautivado al mundo y ha revelado un tesoro de valor incalculable, ofreciendo una fascinante visión de la cultura y la historia anglosajonas. En septiembre de 2009, un hombre llamado Terry Herbert hizo un extraordinario descubrimiento con un detector de metales en un campo de Staffordshire, Inglaterra, que conmocionaría a la comunidad arqueológica y revelaría un tesoro que había permanecido oculto durante más de 1.300 años.

Terry Herbert, un entusiasta de la arqueología, llevaba años rastreando la campiña inglesa en busca de tesoros ocultos. Un día, mientras buscaba en un campo con su detector de metales, recibió una señal excepcionalmente fuerte. Excavando en el lugar descubrió un objeto metálico con incrustaciones de piedras preciosas. Fue el comienzo de una serie de descubrimientos que cambiarían su vida y su comprensión de la historia británica.

Terry Herbert había descubierto un gran número de objetos de oro y plata, magníficamente trabajados y adornados con gemas. Los objetos parecían pertenecer a una época antigua, pero él no tenía ni idea del verdadero significado de su descubrimiento. Rápidamente se puso en contacto con las autoridades locales y los arqueólogos para informarles de su hallazgo. Los arqueólogos se quedaron atónitos ante la magnitud del hallazgo. Excavaron el yacimiento y desenterraron un tesoro de más de 3.500 objetos de metales preciosos, entre joyas, armas, utensilios y monedas. La mayoría de estos objetos eran de origen anglosajón y databan del siglo VII, época en la que los reinos anglosajones estaban en constante conflicto.

Entre los objetos más destacados del tesoro figuraban una espada magníficamente adornada, arreos de caballo ricamente decorados y una asombrosa cruz de oro con incrustaciones de gemas. Cada objeto era una obra de arte en sí mismo, testimonio de la habilidad y el talento de los artesanos de la época.

Todo el tesoro de Staffordshire ha sido cuidadosamente examinado y datado por arqueólogos y expertos históricos. Se ha confirmado que es uno de los tesoros más importantes jamás encontrados en Gran Bretaña. Los objetos estaban increíblemente bien conservados debido a la forma en que habían sido enterrados, y algunos aún brillaban como si hubieran sido fabricados recientemente.

La importancia histórica del descubrimiento fue inmensa. Proporcionó una valiosa información sobre el periodo anglosajón, una época en la que Inglaterra estaba dividida en varios reinos rivales. El tesoro de Staffordshire sugería que estos objetos eran probablemente ofrendas rituales o depósitos votivos deliberadamente escondidos en el suelo, quizá en honor de los dioses o para sellar un pacto.

El descubrimiento también ha planteado interrogantes sobre la identidad de las personas que crearon estos objetos y el significado de su complejo simbolismo. Arqueólogos e historiadores han trabajado incansablemente para estudiar los objetos y dilucidar su contexto histórico.

La fama del tesoro de Staffordshire se extendió rápidamente por todo el mundo, atrayendo a visitantes de todo el planeta. Los objetos se expusieron en varios museos británicos, entre ellos el Museo Británico de Londres, donde fueron admirados por millones de personas. El descubrimiento también despertó un renovado interés por la historia anglosajona y contribuyó a una mejor comprensión de este periodo crucial de la historia británica.

En 2010, el tesoro de Staffordshire fue declarado tesoro nacional, lo que significa que pertenece a la nación británica. Los objetos estaban valorados en varios millones de libras, pero su valor histórico y cultural era incalculable.

El descubrimiento del tesoro de Staffordshire será para siempre un testimonio espectacular de la historia británica y del ingenio del pueblo anglosajón. Es un recordatorio de que, incluso en un mundo moderno, los tesoros enterrados durante siglos pueden ser descubiertos por aficionados apasionados y tienen el poder de cambiar nuestra comprensión de la historia. Esta historia es un recordatorio de la riqueza de nuestro patrimonio cultural y de la importancia de preservarlo para las generaciones futuras.

8

LE VOL DU SIÈCLE EN ANGLETERRE

L'Incroyable Braquage de la Banque d'Angleterre en 1950

Le 2 janvier 1952, la Banque d'Angleterre a été le théâtre d'un braquage audacieux et spectaculaire qui allait devenir l'un des vols les plus célèbres de l'histoire britannique. Le plan minutieusement élaboré et l'exécution sans faille de ce vol ont intrigué le monde entier et ont créé une légende autour des voleurs, surnommés les "Robins des Bois de la Banque d'Angleterre".

La Banque d'Angleterre, située au cœur de la City de Londres, était considérée comme l'une des institutions financières les plus sécurisées du monde. Elle détenait des milliards de livres sterling en espèces, en lingots d'or et en titres de valeurs. Pourtant, un groupe de voleurs déterminés a réussi à élaborer un plan complexe pour pénétrer dans cette forteresse financière et à s'emparer d'une somme d'argent considérable.

Le cerveau derrière le vol était un homme du nom de Leonard "Lennie" Field, un criminel expérimenté. Il avait recruté une équipe de malfaiteurs talentueux, dont un expert en serrurerie, un spécialiste des explosifs et un pilote d'hélicoptère. Le plan consistait à voler la banque à l'aide d'un hélicoptère.

Tout d'abord, les voleurs ont effectué une reconnaissance minutieuse de la banque. Ils ont mesuré la distance entre le toit de la banque et la surface de la rue, préparant ainsi le terrain pour l'atterrissage de l'hélicoptère. Ils ont également étudié les horaires des gardiens de sécurité et la routine de la banque.

Le jour du vol, le gang est monté à bord d'un hélicoptère volé, un Bell 47 modifié pour l'occasion. Ils ont décollé discrètement de la périphérie de Londres et se sont dirigés vers la

Banque d'Angleterre. Le pilote, un homme du nom de "Stan", a utilisé son expérience pour effectuer un atterrissage parfaitement calculé sur le toit de la banque, entre les cheminées et les corniches.

Une fois sur le toit, les voleurs ont utilisé des explosifs pour faire sauter une porte en acier massif menant à l'intérieur de la banque. Ils étaient armés et portant des masques pour dissimuler leur identité. Le gang savait qu'ils avaient peu de temps, car les autorités pourraient être alertées à tout moment.

Après avoir pénétré à l'intérieur, les voleurs se sont dirigés vers le trésor de la banque, où étaient conservés les billets de banque et les lingots d'or. Ils ont rempli des sacs de toile de jute avec des billets et des lingots, puis sont retournés à l'hélicoptère. Le tout s'est déroulé en moins de 30 minutes.

Pendant ce temps, la police avait été alertée par des témoins qui avaient vu l'hélicoptère atterrir sur le toit de la banque. Des voitures de police et des motards ont convergé vers la banque, mais les voleurs avaient un plan de fuite bien conçu. Après avoir pris les sacs remplis d'argent et d'or, ils ont décollé de la banque, survolant Londres à basse altitude pour éviter la détection radar.

Ils se sont ensuite dirigés vers la périphérie de la ville, où un fourgon de complicité les attendait pour récupérer le butin. Après avoir transféré l'argent et l'or dans le fourgon, le gang a continué sa fuite à travers la campagne anglaise.

Pendant ce temps, la police avait lancé une vaste opération de recherche, mobilisant des hélicoptères et des patrouilles terrestres pour tenter de localiser les voleurs en fuite.

Cependant, le gang était bien en avance sur eux et avait un plan de fuite bien élaboré. Finalement, les voleurs ont abandonné l'hélicoptère et ont poursuivi leur évasion en voiture. Ils ont laissé l'hélicoptère abandonné dans un champ, espérant brouiller les pistes. Le gang a réussi à échapper aux autorités et à se fondre dans la clandestinité.

L'ampleur du vol a rapidement été révélée, et les médias du monde entier ont suivi l'affaire avec un grand intérêt. La police britannique a lancé une enquête majeure pour retrouver les voleurs, mais malgré leurs efforts, le gang est resté insaisissable.

Finalement, l'enquête s'est calmée, et le gang a réussi à garder le butin caché. Le vol de la Banque d'Angleterre est resté non résolu pendant des décennies, devenant une légende du monde criminel. On ne sait pas exactement combien d'argent et d'or ont été volés ce jour-là, mais on estime que la valeur dépassait plusieurs millions de livres sterling.

L'histoire du vol de la Banque d'Angleterre est un exemple classique de criminalité organisée et de planification minutieuse. Les voleurs ont fait preuve de détermination, d'ingéniosité et d'audace pour réussir ce qui est devenu l'un des vols les plus audacieux et les plus célèbres de l'histoire. Malgré les efforts des autorités, les coupables n'ont jamais été identifiés ni arrêtés, laissant l'affaire entourée de mystère et de fascination pour les générations futures.

EL ROBO DEL SIGLO EN INGLATERRA

El increíble atraco al Banco de Inglaterra en 1950

El 2 de enero de 1952, el Banco de Inglaterra fue escenario de un audaz y espectacular robo que se convertiría en uno de los atracos más famosos de la historia británica. El plan meticulosamente ideado y la impecable ejecución de este atraco intrigaron al mundo entero y crearon una leyenda en torno a los ladrones, apodados los "Robins Hoods del Banco de Inglaterra".

El Banco de Inglaterra, situado en el corazón de la City londinense, estaba considerado una de las instituciones financieras más seguras del mundo. Guardaba miles de millones de libras en efectivo, lingotes de oro y valores. Sin embargo, un grupo de ladrones decididos urdió un complejo plan para irrumpir en esta fortaleza financiera y robar una considerable suma de dinero.

El cerebro del robo era un hombre llamado Leonard "Lennie" Field, un delincuente experimentado. Había reclutado a un equipo de delincuentes de talento, entre ellos un cerrajero, un experto en explosivos y un piloto de helicóptero. El plan consistía en atracar el banco utilizando un helicóptero.

En primer lugar, los ladrones llevaron a cabo un reconocimiento minucioso del banco. Midieron la distancia entre el tejado del banco y la superficie de la calle, preparando el terreno para el aterrizaje del helicóptero. También estudiaron los horarios de los guardias de seguridad y la rutina del banco.

El día del robo, la banda subió a bordo de un helicóptero robado, un Bell 47 modificado para la ocasión. Despegaron discretamente de las afueras de Londres y se dirigieron al

Banco de Inglaterra. El piloto, un hombre llamado "Stan", aprovechó su experiencia para realizar un aterrizaje perfectamente calculado en el tejado del banco, entre las chimeneas y las cornisas.

Una vez en el tejado, los atracadores utilizaron explosivos para volar una sólida puerta de acero que conducía al interior del banco. Iban armados y llevaban máscaras para ocultar su identidad. La banda sabía que disponía de poco tiempo, ya que las autoridades podían ser alertadas en cualquier momento.

Tras entrar, los ladrones se dirigieron a la tesorería del banco, donde se guardaban los billetes y los lingotes de oro. Llenaron sacos de arpillera con billetes y lingotes, y luego regresaron al helicóptero. La operación duró menos de 30 minutos.

Mientras tanto, la policía había sido alertada por testigos que habían visto el helicóptero aterrizar en el tejado del banco. Los coches de policía y los motoristas se concentraron en el banco, pero los atracadores tenían un plan de huida bien pensado. Después de coger las bolsas llenas de dinero y oro, se alejaron del banco, volando bajo sobre Londres para evitar ser detectados por los radares.

A continuación se dirigieron a las afueras de la ciudad, donde les esperaba una furgoneta de accesorios para recoger el botín. Tras transferir el dinero y el oro a la furgoneta, la banda prosiguió su huida por la campiña inglesa.

Mientras tanto, la policía puso en marcha una importante operación de búsqueda, movilizando helicópteros y patrullas terrestres para intentar localizar a los ladrones huidos.

Sin embargo, la banda les llevaba mucha ventaja y tenía un plan de huida bien elaborado. Al final, los ladrones abandonaron el helicóptero y continuaron su huida en coche. Dejaron el helicóptero abandonado en un campo, con la esperanza de cubrir sus huellas. La banda consiguió eludir a las autoridades y pasar a la clandestinidad.

Pronto se conoció la magnitud del robo y los medios de comunicación de todo el mundo siguieron el caso con gran interés. La policía británica puso en marcha una gran investigación para localizar a los ladrones, pero a pesar de sus esfuerzos, la banda siguió siendo escurridiza.

Finalmente, la investigación se calmó y la banda consiguió mantener oculto el botín. El atraco al Banco de Inglaterra permaneció sin resolver durante décadas, convirtiéndose en una leyenda en el mundo criminal. No se sabe con exactitud cuánta plata y oro se robó aquel día, pero se calcula que su valor superó varios millones de libras.

La historia del atraco al Banco de Inglaterra es un ejemplo clásico de delincuencia organizada y planificación meticulosa. Los ladrones utilizaron determinación, ingenio y audacia para llevar a cabo lo que se ha convertido en uno de los robos más audaces y notorios de la historia. A pesar de los esfuerzos de las autoridades, los culpables nunca fueron identificados ni detenidos, por lo que el caso quedó envuelto en un halo de misterio y fascinación para las generaciones futuras.

9

LE VOYAGE AUTOUR DU MONDE EN BALLON DE BERTRAND PICCARD ET BRIAN JONES

Une aventure épique dans les cieux de 1999

En l'année 1999, le monde a été témoin d'une prouesse audacieuse et sans précédent lorsque deux hommes, Bertrand Piccard et Brian Jones, ont accompli ce qui semblait être impossible : un tour du monde en ballon sans escale. Cette aventure extraordinaire a duré 19 jours et a couvert plus de 40 000 kilomètres, repoussant les limites de la technologie, de l'endurance humaine et de l'imagination.

Bertrand Piccard, un médecin suisse, et Brian Jones, un ancien capitaine de l'armée britannique, étaient tous deux des aventureux passionnés par l'aviation et la conquête des airs. Ils ont rêvé pendant des années de réaliser un tour du monde en ballon, un défi qui avait échappé à de nombreux aventuriers par le passé en raison de sa complexité et de ses risques considérables.

Leur rêve s'est concrétisé grâce au projet Breitling Orbiter 3, nommé d'après le sponsor principal, la célèbre marque de montres suisse Breitling. Ce projet a été méticuleusement préparé pendant plusieurs années, rassemblant une équipe d'experts en aérostatique, en météorologie, en navigation, et en technologie pour garantir la sécurité et la faisabilité du voyage.

Le ballon utilisé pour cette aventure était un véritable monstre des airs, mesurant environ 55 mètres de hauteur, soit l'équivalent d'un immeuble de 18 étages, et avait une capacité de gaz de plus de 10 000 mètres cubes. Ce ballon immense a été spécialement conçu pour résister aux rigueurs du voyage autour du monde, capable de supporter des altitudes allant jusqu'à 12 000 mètres.

Le départ de cette épopée inoubliable a eu lieu le 1er mars 1999, à partir de la ville suisse de Château-d'Œx. Des milliers de spectateurs se sont rassemblés pour voir le Breitling Orbiter 3 s'élever dans les cieux. L'équipage comprenait Bertrand Piccard, Brian Jones et une équipe de soutien au sol dédiée à la sécurité et à la navigation. Les deux aventuriers étaient préparés à affronter des températures glaciales, des vents violents, des conditions météorologiques imprévisibles et une isolation totale pendant leur voyage.

Leur route les a emmenés à travers l'Europe, l'Asie, le Pacifique Sud, l'Amérique du Sud, l'Atlantique et finalement l'Europe de l'Ouest à nouveau. Ils ont survolé des montagnes majestueuses, des déserts arides, des océans immenses, et des forêts impénétrables. Leur altitude maximale a été d'environ 12 000 mètres, et leur vitesse de croisière était d'environ 160 kilomètres à l'heure.

Le voyage en ballon était un défi à tous les niveaux. Outre les conditions météorologiques instables et les turbulences inévitables, Bertrand et Brian devaient gérer la consommation d'oxygène à des altitudes élevées, maintenir l'équilibre thermique à bord du ballon, et rationner soigneusement leur nourriture et leur eau. Ils dormaient par intervalles courts, car l'attention constante à la navigation était cruciale pour éviter les zones de tempêtes et les zones à risque.

L'équipage au sol a joué un rôle essentiel dans le succès du voyage. Ils suivaient le ballon depuis le sol et étaient responsables de la coordination avec les autorités de l'aviation, de la communication avec les médias, et de la fourniture d'informations météorologiques en temps réel. Chaque décision était cruciale, car la sécurité de Bertrand et Brian dépendait de la navigation précise.

L'un des moments les plus critiques du voyage a été la traversée du Pacifique Sud. Cette étape a été particulièrement dangereuse car il n'y avait pas de zones de dégagement en cas d'urgence, et le ballon était vulnérable aux tempêtes soudaines et aux vents violents. Les deux aventuriers ont survécu à des conditions météorologiques extrêmes et à des moments de tension extrême.

Après avoir survolé l'Amérique du Sud, le Breitling Orbiter 3 s'est dirigé vers l'Atlantique, franchissant l'océan en direction de l'Afrique de l'Ouest. Le monde entier attendait avec anticipation le retour des héros. Le 21 mars 1999, après 19 jours, 21 heures et 47 minutes de vol, le Breitling Orbiter 3 est finalement revenu sur le sol suisse, atterrissant dans une région montagneuse près de la ville de Cairo Montenotte, en Italie. La nouvelle de leur réussite a été accueillie avec jubilation dans le monde entier.

Le voyage autour du monde en ballon de Bertrand Piccard et Brian Jones a été un triomphe inoubliable de l'endurance humaine, de la technologie aérospatiale et de la persévérance. Ils avaient écrit l'histoire en devenant les premiers à accomplir un tour du monde en ballon sans escale. Leur exploit a été salué par des dirigeants mondiaux, des médias et le grand public, et ils ont reçu de nombreuses distinctions et honneurs pour leur courage et leur détermination.

Ce voyage incroyable a également ouvert la voie à de futures aventures aérospatiales et a démontré la capacité de l'homme à repousser les limites de l'exploration. Il a rappelé au monde que, même à l'ère de la technologie avancée, il existe encore des défis extraordinaires à relever et des horizons à conquérir.

Après le succès de leur tour du monde en ballon, Bertrand Piccard et Brian Jones sont devenus des figures emblématiques de l'aviation et de l'exploration. Ils ont continué à s'engager dans des projets visant à promouvoir l'utilisation de l'énergie propre et renouvelable, et à sensibiliser le public aux enjeux environnementaux. Leur aventure aérienne a laissé un héritage durable et inspirant, rappelant à chacun que les rêves audacieux et la persévérance peuvent permettre de réaliser l'impossible.

La vuelta al mundo en globo de Bertrand Piccard y Brian Jones

---

Una aventura épica en los cielos de 1999

En 1999, el mundo fue testigo de una hazaña audaz y sin precedentes cuando dos hombres, Bertrand Piccard y Brian Jones, lograron lo que parecía imposible: dar la vuelta al mundo en globo sin escalas. Esta extraordinaria aventura duró 19 días y recorrió más de 40.000 kilómetros, superando los límites de la tecnología, la resistencia humana y la imaginación.

Bertrand Piccard, médico suizo, y Brian Jones, antiguo capitán del ejército británico, eran dos aventureros apasionados por la aviación y la conquista de los cielos. Durante años soñaron con dar la vuelta al mundo en globo, un reto que había eludido a muchos aventureros en el pasado por su complejidad y sus considerables riesgos.

Su sueño se hizo realidad gracias al proyecto Breitling Orbiter 3, que lleva el nombre de su principal patrocinador, la famosa marca suiza de relojes Breitling. El proyecto se ha preparado meticulosamente durante varios años, reuniendo a un equipo de expertos en aeroestática, meteorología, navegación y tecnología para garantizar la seguridad y viabilidad del viaje.

El globo utilizado para esta aventura era un auténtico monstruo del aire, que medía unos 55 metros de altura -el equivalente a un edificio de 18 plantas- y tenía una capacidad de gas de más de 10.000 metros cúbicos. Este inmenso globo estaba especialmente diseñado para soportar los rigores del viaje alrededor del mundo, capaz de soportar altitudes de hasta 12.000 metros.

La salida de esta epopeya inolvidable tuvo lugar el 1 de marzo de 1999, desde la localidad suiza de Château-d'Œx. Miles de espectadores se reunieron para contemplar cómo el Breitling Orbiter 3 surcaba los cielos. La tripulación estaba formada por Bertrand Piccard, Brian Jones y un equipo de apoyo en tierra dedicado a la seguridad y la navegación. Los dos aventureros estaban preparados para enfrentarse a temperaturas bajo cero, fuertes vientos, condiciones meteorológicas impredecibles y un aislamiento total durante su viaje.

Su ruta les llevó por Europa, Asia, el Pacífico Sur, Sudamérica, el Atlántico y, finalmente, Europa Occidental de nuevo. Sobrevolaron majestuosas montañas, áridos desiertos, vastos océanos y bosques impenetrables. Su altitud máxima era de unos 12.000 metros y su velocidad de crucero de unos 160 kilómetros por hora.

El viaje en globo fue un reto a todos los niveles. Además de las inestables condiciones meteorológicas y las inevitables turbulencias, Bertrand y Brian tuvieron que gestionar el consumo de oxígeno a gran altitud, mantener el equilibrio térmico a bordo del globo y racionar cuidadosamente la comida y el agua. Dormían a intervalos cortos, ya que la atención constante a la navegación era crucial para evitar las zonas de tormenta y las áreas de alto riesgo.

El equipo de tierra desempeñó un papel esencial en el éxito del viaje. Siguieron al globo desde tierra y se encargaron de coordinarse con las autoridades de aviación, comunicarse con los medios de comunicación y proporcionar información meteorológica en tiempo real. Cada decisión era crucial, ya que la seguridad de Bertrand y Brian dependía de una navegación precisa.

Uno de los momentos más críticos del viaje fue la travesía del Pacífico Sur. Esta etapa era especialmente peligrosa, ya que no había zonas de escape de emergencia y el globo era vulnerable a tormentas repentinas y fuertes vientos. Los dos aventureros sobrevivieron a condiciones meteorológicas extremas y a momentos de extrema tensión.

Tras sobrevolar Sudamérica, el Breitling Orbiter 3 se dirigió hacia el Atlántico, cruzando el océano camino de África Occidental. El mundo entero esperaba con impaciencia el regreso de los héroes. El 21 de marzo de 1999, tras 19 días, 21 horas y 47 minutos de vuelo, el Breitling Orbiter 3 regresó finalmente a suelo suizo, aterrizando en una región montañosa cerca de la ciudad de El Cairo Montenotte, en Italia. La noticia de su éxito fue acogida con júbilo en todo el mundo.

La vuelta al mundo en globo de Bertrand Piccard y Brian Jones fue un triunfo inolvidable de la resistencia humana, la tecnología aeroespacial y la perseverancia. Hicieron historia al convertirse en las primeras personas en dar la vuelta al mundo en globo sin escalas. Su hazaña fue aclamada por los líderes mundiales, los medios de comunicación y el público en general, y recibieron numerosos premios y honores por su valor y determinación.

Este increíble viaje también allanó el camino para futuras aventuras aeroespaciales y demostró la capacidad del hombre para ampliar los límites de la exploración. Recordó al mundo que, incluso en esta era de tecnología avanzada, aún quedan retos extraordinarios por superar y horizontes por conquistar.

Tras el éxito de su vuelta al mundo en globo, Bertrand Piccard y Brian Jones se convirtieron en figuras emblemáticas de la aviación y la exploración. Han seguido participando en proyectos para promover el uso de energías limpias y renovables y sensibilizar a la opinión pública sobre cuestiones medioambientales. Su aventura aérea ha dejado un legado duradero e inspirador, recordándonos a todos que los sueños audaces y la perseverancia pueden lograr lo imposible.

10

LE SAUVETAGE INCROYABLE
DE LA MISSION APOLLO 13

Un voyage de retour de l'espace plein de défis et de détermination

L'histoire vraie de la mission Apollo 13 est l'un des récits les plus extraordinaires de l'exploration spatiale. Cette mission spatiale américaine a été lancée en 1970 avec pour objectif d'atterrir sur la Lune, mais elle a rapidement pris un tournant dramatique. Face à des pannes catastrophiques à bord de leur vaisseau spatial, les astronautes de la mission Apollo 13 ont dû lutter pour leur survie, tandis que la NASA et une équipe d'ingénieurs au sol ont réalisé un miracle pour les ramener sains et saufs sur Terre.

Le 11 avril 1970, le commandant de la mission Apollo 13, James A. Lovell Jr., le pilote du module de commande, John L. Swigert Jr., et le pilote du module lunaire, Fred W. Haise Jr., se sont envolés depuis le Kennedy Space Center en Floride à bord du Saturn V, le plus puissant lanceur jamais construit. La mission avait pour objectif de se poser sur la Lune, mais environ 56 heures après le lancement, alors que le vaisseau spatial se trouvait à environ 330 000 kilomètres de la Terre, une explosion soudaine s'est produite à bord.

L'explosion était causée par une défaillance du réservoir d'oxygène liquide dans le module de service. L'équipage a immédiatement signalé une "déflagration sérieuse" à Houston. Les trois astronautes ont dû abandonner tout espoir de se poser sur la Lune et ont concentré leurs efforts sur la tâche urgente de revenir en sécurité sur Terre. Leurs ressources étaient désormais limitées, et ils se sont retrouvés à bord du module lunaire, qui était conçu pour être utilisé uniquement comme un véhicule de descente vers la surface lunaire.

Les défis étaient immenses. Les réserves d'énergie, d'eau et d'oxygène étaient limitées, et il fallait maintenir la température du module lunaire dans des limites acceptables pour survivre aux rigueurs du voyage spatial. En outre, le module lunaire était conçu pour accueillir deux astronautes pendant une période beaucoup plus courte que le voyage de retour prévu vers la Terre. Les trois hommes devaient vivre dans un espace exigu pendant plusieurs jours.

Pendant ce temps, au centre de contrôle de la mission à Houston, le directeur de vol Gene Kranz et son équipe d'ingénieurs ont travaillé sans relâche pour élaborer un plan de retour à la Terre. Ils ont dû improviser une solution en utilisant le module lunaire comme véhicule de vie pendant la majeure partie du voyage de retour, puis en effectuant une "course contre la montre" pour mettre en place une rentrée atmosphérique précise.

La tension était à son comble lorsque les moteurs du module lunaire ont été rallumés pour la manœuvre critique de rentrée dans l'atmosphère terrestre. L'équipage savait que la moindre erreur dans cette manœuvre pourrait les faire brûler dans l'atmosphère ou les éjecter dans l'espace interplanétaire.

Finalement, le 17 avril 1970, après un voyage de plus de 6 jours, le module de commande d'Apollo 13 est entré dans l'atmosphère terrestre à une vitesse de près de 40 000 kilomètres par heure. L'équipage a été soumis à des forces gravitationnelles intenses alors que la chaleur de la rentrée les entourait. Les communications ont été interrompues pendant plusieurs minutes, ce qui a suscité de l'inquiétude à Houston.

Cependant, à la grande surprise de tous, les communications ont été rétablies, et le module de commande s'est posé en toute sécurité dans l'océan

Pacifique. Les trois astronautes ont été récupérés par l'équipe de récupération navale et sont rentrés chez eux sains et saufs.

L'histoire extraordinaire d'Apollo 13 est un exemple de courage, de détermination et de créativité humaine face à l'adversité. Les astronautes ont dû faire preuve de sang-froid et de résilience, tandis que les ingénieurs de la NASA ont travaillé sans relâche pour trouver des solutions innovantes à des problèmes complexes.

L'équipage de la mission Apollo 13 a survécu grâce à leur formation exceptionnelle et à leur esprit d'équipe, tandis que la NASA a montré sa capacité à gérer des situations de crise avec succès. Cette histoire a renforcé la conviction que l'exploration spatiale était une entreprise périlleuse, mais elle a également illustré la volonté humaine de surmonter les obstacles pour atteindre des objectifs audacieux. Apollo 13 est devenue une leçon d'inspiration pour les générations futures, rappelant que la résolution de problèmes et la persévérance peuvent transformer une catastrophe imminente en un triomphe retentissant.

EL INCREÍBLE RESCATE DE LA MISIÓN APOLO 13

Un viaje de vuelta del espacio lleno de retos y determinación

La verdadera historia de la misión Apolo 13 es uno de los relatos más extraordinarios de la exploración espacial. Esta misión espacial estadounidense se lanzó en 1970 con el objetivo de aterrizar en la Luna, pero pronto dio un giro dramático. Enfrentados a fallos catastróficos a bordo de su nave espacial, los astronautas del Apolo 13 tuvieron que luchar por sus vidas, mientras la NASA y un equipo de ingenieros en tierra obraban un milagro para devolverlos sanos y salvos a la Tierra.

El 11 de abril de 1970, el comandante de la misión Apolo 13, James A. Lovell Jr., el piloto del módulo de mando John L. Swigert Jr. y el piloto del módulo lunar Fred W. Haise Jr. despegaron del Centro Espacial Kennedy de Florida a bordo del Saturno V, el vehículo de lanzamiento más potente jamás construido. El objetivo de la misión era aterrizar en la Luna, pero unas 56 horas después del lanzamiento, cuando la nave se encontraba a unos 330.000 kilómetros de la Tierra, se produjo una repentina explosión a bordo.

La explosión se produjo por un fallo en el tanque de oxígeno líquido del módulo de servicio. La tripulación informó inmediatamente a Houston de una "explosión grave". Los tres astronautas tuvieron que abandonar toda esperanza de aterrizar en la Luna y concentraron sus esfuerzos en la urgente tarea de regresar sanos y salvos a la Tierra. Sus recursos eran ahora limitados y se encontraban a bordo del módulo lunar, diseñado para ser utilizado únicamente como vehículo de descenso a la superficie lunar.

Los retos eran inmensos. Los suministros de energía, agua y oxígeno eran limitados, y la temperatura del módulo lunar debía mantenerse dentro de límites aceptables para sobrevivir a los rigores del viaje espacial. Además, el módulo lunar estaba diseñado para alojar a dos astronautas durante un periodo mucho más corto que el previsto para el viaje de regreso a la Tierra. Los tres hombres tuvieron que vivir en un espacio reducido durante varios días.

Mientras tanto, en el Control de Misión en Houston, el Director de Vuelo Gene Kranz y su equipo de ingenieros trabajaban incansablemente para desarrollar un plan de regreso a la Tierra. Tuvieron que improvisar una solución utilizando el módulo lunar como vehículo de soporte vital durante la mayor parte del viaje de regreso, y luego correr contra el tiempo para preparar una reentrada atmosférica precisa.

La tensión era máxima cuando se encendieron los motores del módulo lunar para la maniobra crítica de reentrada en la atmósfera terrestre. La tripulación sabía que el más mínimo error en esta maniobra podía hacerles arder en la atmósfera o ser expulsados al espacio interplanetario.

Finalmente, el 17 de abril de 1970, tras un viaje de más de 6 días, el módulo de mando del Apolo 13 entró en la atmósfera terrestre a una velocidad de casi 40.000 kilómetros por hora. La tripulación se vio sometida a intensas fuerzas gravitatorias mientras el calor de la reentrada les rodeaba. Las comunicaciones se interrumpieron durante varios minutos, lo que causó preocupación en Houston.

Sin embargo, para sorpresa de todos, las comunicaciones se restablecieron y el módulo de mando aterrizó sano y salvo en el océano Pacífico. Los tres astronautas fueron recuperados por el equipo naval de recuperación y regresaron sanos y salvos a casa.

La extraordinaria historia del Apolo 13 es un ejemplo de valentía, determinación y creatividad humanas frente a la adversidad. Los astronautas tuvieron que demostrar entereza y resistencia, mientras los ingenieros de la NASA trabajaban sin descanso para encontrar soluciones innovadoras a problemas complejos.

La tripulación del Apolo 13 sobrevivió gracias a su excepcional entrenamiento y espíritu de equipo, mientras que la NASA demostró su capacidad para gestionar con éxito situaciones de crisis. Esta historia reforzó la creencia de que la exploración espacial era una empresa peligrosa, pero también ilustró la voluntad humana de superar los obstáculos para alcanzar metas audaces. Apolo 13 se ha convertido en una lección inspiradora para las generaciones futuras, recordándonos que la resolución de problemas y la perseverancia pueden convertir un desastre inminente en un triunfo rotundo.

11

L'INCROYABLE SAUVETAGE
DES MINEURS CHILIENS

Un miracle sous terre

Le 5 août 2010, dans le désert d'Atacama, au Chili, 33 mineurs se trouvaient à près de 700 mètres sous terre, piégés dans la mine de San José après un effondrement massif. Ce fut le début d'une histoire de survie extraordinaire qui a captivé le monde entier pendant 69 jours jusqu'à leur sauvetage miraculeux.

La mine de San José était connue pour être une mine d'or et de cuivre située au nord du Chili, près de Copiapó. Elle était exploitée par la société minière San Esteban Primera. Les mineurs travaillaient à une profondeur considérable, bien en dessous de la surface de la terre, dans des conditions difficiles et dangereuses.

Ce jour-là, l'effondrement a piégé les mineurs sous terre. Initialement, il n'était pas clair si tous avaient survécu. Les premiers jours ont été les plus difficiles. Les mineurs ont dû rationner leur nourriture, qui consistait principalement en conserves de thon et de maïs, pour économiser leurs ressources aussi longtemps que possible. Ils n'avaient pas accès à l'eau potable et devaient boire l'eau des radiateurs de leurs véhicules. Les conditions étaient sombres, humides et froides, avec une température constante d'environ 10 degrés Celsius sous terre.

Le sauvetage s'annonçait comme une tâche colossale. La profondeur à laquelle les mineurs étaient piégés était considérable, et il était nécessaire de percer un tunnel de sauvetage pour les atteindre. Les équipes de secours chilienne et internationale ont immédiatement été mobilisées, mais le processus allait prendre du temps.

Au-dessus du sol, les familles des mineurs ont érigé un campement improvisé près de la mine, qui est rapidement devenu un symbole d'attente, d'espoir et d'unité nationale. Ils ont affronté des semaines d'incertitude et d'angoisse, ne sachant pas si leurs proches allaient survivre ou être retrouvés.

Finalement, 17 jours après l'effondrement, un forage de sauvetage a atteint la galerie où les mineurs étaient piégés. La découverte a été accueillie avec soulagement et émotion à la fois par les mineurs et par leurs familles. Des contacts ont été établis avec les mineurs par un petit trou de communication, et des provisions, des médicaments et des messages d'encouragement ont été envoyés à travers le tunnel de sauvetage.

Cependant, le sauvetage final était loin d'être acquis. Les mineurs devaient être remontés à la surface un par un à travers un tunnel étroit, un processus qui prendrait plusieurs semaines. Les premiers mineurs ont été remontés à la surface le 12 octobre 2010, près de deux mois après l'effondrement initial. Le sauvetage a été diffusé en direct à la télévision et suivi par des millions de personnes dans le monde entier.

Chaque mineur a été hissé dans une capsule spécialement conçue appelée "Fénix", qui ressemblait à une petite capsule spatiale. Les mineurs ont été attachés à un harnais et abaissés dans le tunnel de sauvetage à travers les roches et la terre. À la surface, une équipe médicale était prête à les accueillir, et les mineurs ont été transportés à l'hôpital local pour des examens médicaux approfondis.

Le sauvetage des 33 mineurs s'est déroulé sans encombre, avec une précision méticuleuse. Les mineurs étaient en relativement bonne santé, malgré les conditions éprouvantes auxquelles ils avaient été confrontés pendant près de deux mois sous terre. Le monde entier a été témoin de ce miracle de la survie humaine et de la solidarité internationale.

L'histoire des mineurs chiliens a été un exemple remarquable de résilience et de courage humain. Ces hommes ont survécu à des conditions extrêmes grâce à leur détermination à rester en vie et à la coopération de l'équipe de secours. Le sauvetage lui-même a été une prouesse technologique impressionnante, mettant en avant l'ingéniosité et l'effort collectif pour sauver des vies.

L'histoire des mineurs chiliens a également suscité un intérêt renouvelé pour les questions de sécurité dans l'industrie minière et a conduit à des améliorations significatives dans la prévention des accidents et les protocoles de secours.

Au-delà de l'exploit technique, l'histoire des mineurs chiliens a inspiré des millions de personnes à travers le monde. Elle a rappelé que même dans les circonstances les plus désespérées, l'humanité peut trouver la force de survivre et de surmonter les obstacles. C'était une histoire de foi, d'unité et d'espoir, et elle restera à jamais gravée dans les annales de l'histoire comme un exemple extraordinaire de résilience humaine.

EL INCREÍBLE RESCATE DE LOS MINEROS CHILENOS

Un milagro bajo tierra

El 5 de agosto de 2010, en el desierto chileno de Atacama, 33 mineros se encontraron a casi 700 metros bajo tierra, atrapados en la mina San José tras un derrumbe masivo. Fue el comienzo de una extraordinaria historia de supervivencia que cautivó al mundo durante 69 días hasta su milagroso rescate.

La mina San José era conocida como una mina de oro y cobre situada en el norte de Chile, cerca de Copiapó. Estaba explotada por la compañía minera San Esteban Primera. Los mineros trabajaban a una profundidad considerable, muy por debajo de la superficie terrestre, en condiciones difíciles y peligrosas.

Aquel día, el derrumbe dejó atrapados bajo tierra a los mineros. Al principio, no estaba claro si todos habían sobrevivido. Los primeros días fueron los más duros. Los mineros tuvieron que racionar su comida, que consistía principalmente en atún enlatado y maíz, para ahorrar recursos el mayor tiempo posible. No tenían acceso a agua potable y tenían que beber agua de los radiadores de sus vehículos. Las condiciones eran oscuras, húmedas y frías, con una temperatura constante de unos 10 grados bajo tierra.

El rescate prometía ser una tarea colosal. La profundidad a la que estaban atrapados los mineros era considerable y habría que perforar un túnel de rescate para llegar hasta ellos. Los equipos de rescate chilenos e internacionales se movilizaron de inmediato, pero el proceso llevaría tiempo.

En la superficie, las familias de los mineros levantaron un campamento improvisado cerca de la mina, que rápidamente se convirtió en un símbolo de expectación, esperanza y unidad nacional. Se enfrentaron a semanas de incertidumbre y angustia, sin saber si sus seres queridos sobrevivirían o serían encontrados.

Finalmente, 17 días después del derrumbe, una perforadora de rescate llegó a la galería donde estaban atrapados los mineros. El descubrimiento fue acogido con alivio y emoción tanto por los mineros como por sus familias. Se estableció contacto con los mineros a través de un pequeño orificio de comunicación y se enviaron suministros, medicinas y mensajes de ánimo a través del túnel de rescate.

Sin embargo, el rescate final estaba lejos de ser seguro. Había que sacar a los mineros a la superficie uno a uno a través de un estrecho túnel, un proceso que duraría varias semanas. Los primeros mineros fueron sacados a la superficie el 12 de octubre de 2010, casi dos meses después del derrumbe inicial. El rescate fue retransmitido en directo por televisión y visto por millones de personas en todo el mundo.

Cada minero fue izado a una cápsula especialmente diseñada llamada "Fénix", que se asemejaba a una pequeña cápsula espacial. Los mineros se engancharon a un arnés y descendieron por el túnel de rescate a través de las rocas y la tierra. En la superficie, un equipo médico estaba preparado para recibirlos, y los mineros fueron trasladados al hospital local para someterse a un minucioso examen médico.

El rescate de los 33 mineros se llevó a cabo sin contratiempos y con meticulosa precisión. Los mineros se encontraban relativamente bien de salud, a pesar de las duras condiciones a las que se habían enfrentado durante casi dos meses bajo tierra. El mundo entero fue testigo de este milagro de supervivencia humana y solidaridad internacional.

La historia de los mineros chilenos es un ejemplo extraordinario de resistencia y valor humanos. Estos hombres sobrevivieron a condiciones extremas gracias a su determinación por seguir con vida y a la cooperación del equipo de rescate. El rescate en sí fue una hazaña tecnológica impresionante, que puso de manifiesto el ingenio y el esfuerzo colectivo para salvar vidas.

La historia de los mineros chilenos también ha despertado un renovado interés por las cuestiones de seguridad en la industria minera y ha dado lugar a mejoras significativas en la prevención de accidentes y los protocolos de rescate.

Más allá de la proeza técnica, la historia de los mineros chilenos ha inspirado a millones de personas en todo el mundo. Fue un recordatorio de que, incluso en las circunstancias más desesperadas, la humanidad puede encontrar la fuerza para sobrevivir y superar los obstáculos. Fue una historia de fe, unidad y esperanza, y quedará grabada para siempre en los anales de la historia como un extraordinario ejemplo de resistencia humana.

12

LA GRANDE ÉVASION D'ALCATRAZ

Un audacieux plan de liberté

L'histoire de la Grande Évasion d'Alcatraz est l'un des récits les plus captivants de l'histoire pénitentiaire américaine. En 1962, trois détenus ont réussi à s'échapper de la célèbre prison d'Alcatraz, située sur une île au milieu de la baie de San Francisco. Leur évasion audacieuse et leur mystérieuse disparition ont fasciné le monde entier pendant des décennies, faisant de cette évasion l'une des histoires les plus spectaculaires et énigmatiques du XXe siècle.

Alcatraz, surnommée "The Rock", était une prison de haute sécurité située sur une île rocheuse à environ 2,4 kilomètres au large de la côte de San Francisco, en Californie. Elle était considérée comme l'une des prisons les plus impénétrables et les plus sécurisées des États-Unis. Alcatraz avait été conçue pour accueillir les détenus les plus dangereux et les plus notoires du pays, en raison de son emplacement isolé et de ses conditions de détention extrêmes.

L'évasion a eu lieu dans la nuit du 11 au 12 juin 1962, lorsque trois détenus, Frank Morris et les frères John et Clarence Anglin, ont réussi à quitter leurs cellules respectives. Pourtant, ce n'était pas n'importe quelle évasion. Les trois hommes avaient minutieusement planifié leur fuite pendant des mois, élaborant un plan complexe pour échapper aux griffes d'Alcatraz.

Le premier défi auquel ils ont été confrontés était de sortir de leurs cellules individuelles. Ils avaient soigneusement retiré les grilles de ventilation situées derrière les éviers de leurs cellules, créant ainsi un passage étroit vers les couloirs de service derrière les murs. Ils avaient également fabriqué des radeaux de fortune en utilisant des ponchos en plastique imperméable et du papier journal pour assurer leur flottabilité.

Une fois hors de leurs cellules, les évadés ont exploré les tunnels de service sombres et étroits derrière les murs de la prison. Ils avaient également élaboré des plans détaillés pour contourner les obstacles, tels que les grilles et les portes verrouillées. Pour éviter que leurs absences ne soient découvertes, ils avaient fabriqué des mannequins en papier mâché à leur image et les avaient placés dans leurs lits avec de vrais cheveux humains provenant de la salle de coiffure de la prison.

La phase suivante de leur évasion était de descendre au rez-de-chaussée de la prison et de traverser la cour extérieure, où ils avaient prévu de gonfler leurs radeaux de fortune et de prendre la fuite vers la côte. Pour atteindre la cour, ils ont utilisé des clés volées pour accéder à des couloirs interdits aux détenus la nuit.

Malheureusement, lorsqu'ils sont arrivés à la cour, ils ont réalisé que leur radeau était trop petit pour les trois hommes. Ils ont donc décidé de laisser Clarence Anglin, le plus jeune des frères, derrière eux. John et Frank ont gonflé leur radeau, équipé de gilets de sauvetage, et ont pris la mer à travers les eaux glacées de la baie de San Francisco.

Lorsque la disparition des détenus a été découverte au matin du 12 juin, une chasse à l'homme massive a été lancée. Les autorités ont rapidement conclu que les trois hommes avaient tenté de s'échapper par la mer, car des gilets de sauvetage et des effets personnels avaient été trouvés sur la côte. Des bateaux, des hélicoptères et des plongeurs ont été déployés pour rechercher les évadés présumés.

Malgré une recherche intensive, les autorités n'ont jamais retrouvé de traces des trois hommes dans les eaux de la baie. Les enquêteurs ont supposé que leur radeau avait été emporté par les courants marins ou qu'ils avaient succombé aux eaux glaciales. Cependant, aucune preuve tangible de leur sort n'a été trouvée.

L'évasion d'Alcatraz est devenue une énigme fascinante qui a donné naissance à de nombreuses théories et spéculations au fil des ans. Certains ont suggéré que les évadés avaient réussi à atteindre la terre ferme, d'autres ont affirmé les avoir vus vivants dans différents pays, tandis que d'autres encore ont proposé qu'ils avaient trouvé la mort dans leur tentative.

Pendant des décennies, le mystère de la Grande Évasion d'Alcatraz est resté non résolu. Ce n'est qu'en 1979, 17 ans après l'évasion, qu'une preuve tangible a été découverte. Un sac contenant des effets personnels des évadés, notamment des photos de famille et des lettres, a été trouvé dans une grotte le long de la côte californienne. Cette découverte a suggéré que les hommes avaient peut-être survécu après leur évasion, du moins pendant un certain temps.

Malgré cette nouvelle preuve, le sort final des évadés d'Alcatraz reste un mystère non résolu. L'histoire de leur audacieuse évasion a été immortalisée dans des livres, des films et des documentaires, faisant d'eux des légendes de la contrebande. Leur histoire a également contribué à la réputation d'Alcatraz en tant que prison de haute sécurité infranchissable.

L'évasion d'Alcatraz demeure l'une des histoires les plus spectaculaires de l'histoire de la criminalité et de l'évasion aux États-Unis. Elle incarne l'esprit humain de détermination et de persévérance, ainsi que la fascination éternelle pour les énigmes non résolues. Bien que le mystère perdure, l'évasion d'Alcatraz restera à jamais une saga captivante et énigmatique de l'histoire américaine.

LA GRAN EVASIÓN DE

ALCATRAZ

Un audaz plan para la libertad

La historia de la Gran Fuga de Alcatraz es una de las más apasionantes de la historia carcelaria estadounidense. En 1962, tres reclusos lograron escapar de la tristemente célebre prisión de Alcatraz, situada en una isla en medio de la bahía de San Francisco. Su audaz fuga y misteriosa desaparición fascinaron al mundo durante décadas, convirtiéndola en una de las historias más espectaculares y enigmáticas del siglo XX.

Alcatraz, apodada "La Roca", era una prisión de máxima seguridad situada en una isla rocosa a unos 2,4 kilómetros de la costa de San Francisco, California. Estaba considerada una de las prisiones más impenetrables y seguras de Estados Unidos. Alcatraz se diseñó para albergar a los reclusos más peligrosos y notorios del país, debido a su ubicación aislada y a las condiciones extremas de la prisión.

La fuga tuvo lugar la noche del 11 al 12 de junio de 1962, cuando tres reclusos, Frank Morris y los hermanos John y Clarence Anglin, consiguieron salir de sus respectivas celdas. Pero no fue una fuga cualquiera. Los tres hombres habían planeado meticulosamente su fuga durante meses, ideando un complejo plan para escapar de las garras de Alcatraz.

El primer reto al que se enfrentaron fue salir de sus celdas individuales. Habían retirado cuidadosamente las rejillas de ventilación situadas detrás de los lavabos de sus celdas, creando un estrecho pasillo hacia los pasillos de servicio situados detrás de los muros. También habían fabricado balsas improvisadas con ponchos de plástico impermeables y papel de periódico para asegurar la flotabilidad.

Una vez fuera de sus celdas, los fugados exploraron los oscuros y estrechos túneles de servicio situados tras los muros de la prisión. También habían elaborado planes detallados para sortear obstáculos como verjas y puertas cerradas. Para evitar que se descubrieran sus ausencias, habían fabricado maniquíes de cartón piedra a su imagen y semejanza y los habían colocado en sus camas con cabello humano real procedente de la peluquería de la prisión.

La siguiente etapa de su fuga consistía en descender a la planta baja de la prisión y cruzar el patio exterior, donde planeaban inflar sus balsas improvisadas y escapar hacia la costa. Para llegar al patio, utilizaron llaves robadas para acceder a pasillos vedados a los reclusos por la noche.

Desgraciadamente, cuando llegaron al astillero, se dieron cuenta de que la balsa era demasiado pequeña para los tres hombres. Así que decidieron dejar atrás a Clarence Anglin, el hermano menor. John y Frank inflaron su balsa, equipada con chalecos salvavidas, y zarparon por las gélidas aguas de la bahía de San Francisco.

Cuando se descubrió la desaparición de los presos en la mañana del 12 de junio, se inició una persecución masiva. Las autoridades llegaron rápidamente a la conclusión de que los tres hombres habían intentado escapar por mar, ya que se habían encontrado chalecos salvavidas y efectos personales en la costa. Se desplegaron barcos, helicópteros y buzos para buscar a los presuntos evadidos.

A pesar de una intensa búsqueda, las autoridades no encontraron rastro alguno de los tres hombres en las aguas de la bahía. Los investigadores supusieron que su balsa había sido arrastrada por las corrientes marinas o que habían sucumbido a las aguas heladas. Sin embargo, no se encontró ninguna prueba tangible de su destino.

La fuga de Alcatraz se ha convertido en un enigma fascinante que ha dado lugar a muchas teorías y especulaciones a lo largo de los años. Algunos han sugerido que los fugados lograron llegar a tierra firme, otros han afirmado haberlos visto vivos en distintos países, mientras que otros han propuesto que murieron en su intento.

Durante décadas, el misterio de la Gran Fuga de Alcatraz permaneció sin resolver. No fue hasta 1979, 17 años después de la fuga, cuando se descubrieron pruebas tangibles. En una cueva de la costa californiana se encontró una bolsa con efectos personales de los fugados, incluidas fotografías familiares y cartas. Este descubrimiento sugirió que los hombres podrían haber sobrevivido tras su fuga, al menos durante un tiempo.

A pesar de estas nuevas pruebas, el destino final de los fugados de Alcatraz sigue siendo un misterio sin resolver. La historia de su audaz fuga ha quedado inmortalizada en libros, películas y documentales, convirtiéndolos en leyendas del contrabando. Su historia también ha contribuido a la reputación de Alcatraz como prisión impenetrable de alta seguridad.

La fuga de Alcatraz sigue siendo una de las historias más espectaculares de la historia del crimen y la evasión en Estados Unidos. Encarna el espíritu humano de determinación y perseverancia, y la fascinación perdurable por los enigmas sin resolver. Aunque el misterio perdura, la fuga de Alcatraz seguirá siendo para siempre una saga cautivadora y enigmática de la historia estadounidense.

13

L'EXPÉDITION ENDURANCE

Une épopée extraordinaire à travers l'Antarctique

L'histoire de l'expédition Endurance est l'un des récits les plus extraordinaires d'aventure, de survie et de détermination dans les régions les plus hostiles de la planète. Menée par l'explorateur britannique Sir Ernest Shackleton, cette expédition visait à traverser l'Antarctique en 1914, mais elle s'est transformée en une incroyable lutte pour la survie lorsque leur navire, le Endurance, a été pris au piège dans les glaces de l'océan Antarctique. L'expédition Endurance a débuté en août 1914 lorsque le navire Endurance, dirigé par Shackleton, a quitté l'Angleterre pour l'Antarctique. L'objectif ambitieux de l'expédition était de traverser le continent antarctique, une entreprise qui n'avait jamais été réalisée à l'époque. Shackleton et son équipage comprenaient 27 hommes, dont des marins, des scientifiques et des explorateurs.

Cependant, dès le départ, l'expédition a été confrontée à des défis majeurs. Le navire Endurance a été pris au piège dans les glaces de la mer de Weddell en janvier 1915, bien avant d'atteindre la côte antarctique. Les hommes se sont retrouvés piégés dans une situation désespérée, avec leur navire immobilisé par d'énormes plaques de glace.

Pendant neuf mois, l'équipage a tenté en vain de libérer le navire de l'emprise des glaces. Ils ont creusé autour du bateau, ont utilisé des explosifs pour briser la glace, mais rien n'y faisait. Finalement, le 27 octobre 1915, le Endurance a été comprimé par la glace et a commencé à prendre l'eau. Shackleton a ordonné l'abandon du navire, et l'équipage a évacué avec le peu de provisions qu'ils pouvaient sauver.

Ils ont établi un campement sur la glace dérivante, espérant être secourus par un navire ou une expédition de sauvetage. Cependant, la glace les a emmenés loin de leur trajectoire prévue, les éloignant de toute aide potentielle. Ils ont ensuite passé un hiver brutal dans des conditions extrêmement difficiles, luttant contre le froid, le vent glacial et l'obscurité permanente de l'Antarctique.

Au printemps 1916, lorsque la glace a commencé à se fissurer et à se briser, l'équipage a pris la décision audacieuse de naviguer dans trois petits canots de sauvetage à travers les eaux glacées de l'océan Antarctique. Shackleton et son équipage ont parcouru plus de 1 300 kilomètres dans ces fragiles embarcations, affrontant des tempêtes dévastatrices, des vagues géantes et des températures glaciales.

Ils ont finalement atteint l'île Elephant, une petite île désolée située au large de la côte antarctique, où ils ont trouvé un peu de répit. Cependant, leur situation restait précaire car ils étaient toujours loin de toute aide. Shackleton a décidé de prendre une petite équipe et de tenter de rejoindre la Géorgie du Sud, une île habitée à environ 1 300 kilomètres de là, à bord d'un canot de sauvetage.

La traversée vers la Géorgie du Sud a été une entreprise extrêmement périlleuse. Ils devaient naviguer sans instruments, se basant uniquement sur leur estimation de la direction et de la distance. Après 17 jours épuisants en mer, ils ont réussi à atteindre la Géorgie du Sud, mais leur arrivée a été entravée par des tempêtes qui les ont éloignés de la côte.

Shackleton et deux de ses hommes ont finalement réussi à atteindre la côte de l'île en utilisant un petit canot de sauvetage. Ils ont dû escalader des montagnes abruptes et traverser des glaciers dangereux pour atteindre une station baleinière. Après plusieurs mois de recherches et de préparations, Shackleton est finalement parvenu à secourir le reste de son équipage laissé derrière sur l'île Elephant.

Incredible, l'ensemble de l'équipage de l'expédition Endurance a survécu à cette incroyable épreuve de près de deux ans dans l'Antarctique hostile. Aucun homme n'a été perdu, bien que certains aient souffert de gelures et de maladies. Leur résilience, leur détermination et leur leadership exceptionnels de Shackleton ont été essentiels pour leur survie.

L'expédition Endurance est devenue une légende de l'exploration et de l'endurance humaine. Elle a montré la capacité de l'homme à faire face à des conditions extrêmes et à surmonter des obstacles insurmontables. L'histoire de cette épopée extraordinaire dans l'Antarctique continue d'inspirer et de captiver les générations futures, rappelant que, même au milieu des pires adversités, l'esprit humain peut triompher grâce à la résilience, à la détermination et à la solidarité.

LA EXPEDICIÓN ENDURANCE

Un viaje extraordinario por la Antártida

La historia de la expedición Endurance es uno de los relatos más extraordinarios de aventura, supervivencia y determinación en las regiones más hostiles del planeta. Dirigida por el explorador británico Sir Ernest Shackleton, la expedición se propuso cruzar la Antártida en 1914, pero se convirtió en una increíble lucha por la supervivencia cuando su barco, el Endurance, quedó atrapado en el hielo del océano Antártico. La expedición Endurance comenzó en agosto de 1914, cuando el barco Endurance, dirigido por Shackleton, partió de Inglaterra rumbo a la Antártida. El ambicioso objetivo de la expedición era cruzar el continente antártico, una empresa que nunca se había logrado hasta entonces. Shackleton y su tripulación estaban formados por 27 hombres, entre marineros, científicos y exploradores.

Sin embargo, desde el principio, la expedición se enfrentó a grandes retos. El buque Endurance quedó atrapado en el hielo del mar de Weddell en enero de 1915, mucho antes de llegar a la costa antártica. Los hombres se encontraron atrapados en una situación desesperada, con su barco inmovilizado por enormes placas de hielo.

Durante nueve meses, la tripulación intentó en vano liberar el barco de las garras del hielo. Excavaron alrededor del barco, utilizaron explosivos para romper el hielo, pero nada sirvió. Finalmente, el 27 de octubre de 1915, el Endurance fue comprimido por el hielo y empezó a hacer agua. Shackleton ordenó abandonar el barco y evacuar a la tripulación con las pocas provisiones que pudieron salvar.

Acamparon en el hielo a la deriva, con la esperanza de ser rescatados por un barco o una expedición de salvamento. Sin embargo, el hielo los alejó de su trayectoria prevista, alejándolos de cualquier posible ayuda. Pasaron entonces un invierno brutal en condiciones extremadamente difíciles, luchando contra el frío, el viento cortante y la oscuridad permanente de la Antártida.

En la primavera de 1916, cuando el hielo empezó a resquebrajarse y romperse, la tripulación tomó la audaz decisión de navegar en tres pequeños botes salvavidas por las gélidas aguas del océano Antártico. Shackleton y su tripulación recorrieron más de 1.300 kilómetros en estos frágiles botes, luchando contra tormentas devastadoras, olas gigantes y temperaturas gélidas.

Finalmente llegaron a la Isla Elefante, una pequeña y desolada isla frente a la costa de la Antártida, donde encontraron algo de respiro. Sin embargo, su situación seguía siendo precaria, ya que aún estaban lejos de cualquier ayuda. Shackleton decidió tomar un pequeño equipo e intentar llegar a Georgia del Sur, una isla habitada a unos 1.300 kilómetros de distancia, en un bote salvavidas.

La travesía hasta Georgia del Sur fue una empresa extremadamente peligrosa. Tuvieron que navegar sin instrumentos, confiando únicamente en su estimación de la dirección y la distancia. Tras 17 agotadores días en el mar, consiguieron llegar a Georgia del Sur, pero su llegada se vio dificultada por las tormentas que les alejaron de la costa.

Shackleton y dos de sus hombres consiguieron finalmente alcanzar la costa de la isla utilizando un pequeño bote salvavidas. Tuvieron que escalar escarpadas montañas y cruzar peligrosos glaciares para llegar a una estación ballenera. Tras varios meses de búsqueda y preparación, Shackleton consiguió finalmente rescatar al resto de su tripulación que había quedado rezagada en la isla Elefante.

Increíblemente, toda la tripulación de la expedición Endurance sobrevivió a esta increíble prueba de casi dos años en la hostil Antártida. No se perdió a ningún hombre, aunque algunos sufrieron congelaciones y enfermedades. Su resistencia, determinación y el excepcional liderazgo de Shackleton fueron esenciales para su supervivencia.

La expedición Endurance se ha convertido en una leyenda de la exploración y la resistencia humana. Demostró la capacidad del hombre para enfrentarse a condiciones extremas y superar obstáculos insuperables. La historia de esta extraordinaria epopeya en la Antártida sigue inspirando y cautivando a las generaciones futuras, recordándonos que, incluso en medio de la peor adversidad, el espíritu humano puede triunfar gracias a la resistencia, la determinación y la solidaridad.

14

L'Incroyable Évasion de Frank Abagnale

Maître de la Tromperie

L'histoire de Frank Abagnale est l'une des plus incroyables et des plus audacieuses dans le monde de la criminalité. Entre l'âge de 16 et 21 ans, Abagnale a mené une série de fraudes et d'escroqueries qui ont stupéfié les autorités et inspiré le film à succès de Steven Spielberg, "Arrête-moi si tu peux". Son génie criminel, sa capacité à se faire passer pour quelqu'un d'autre, et sa capacité à échapper aux autorités ont fait de lui l'un des criminels les plus notoires de son temps.

Frank Abagnale est né en 1948 à Bronxville, New York. Dès son plus jeune âge, il a montré un talent extraordinaire pour la tromperie et la fraude. À l'âge de 16 ans, il a quitté la maison de ses parents après le divorce de ces derniers et a commencé sa carrière criminelle. Sa première escroquerie a été d'ouvrir un compte bancaire sous un faux nom et d'émettre des chèques sans provision. Il a rapidement compris qu'il pouvait gagner de l'argent en utilisant l'identité d'autres personnes.

Ce qui a rendu les activités criminelles d'Abagnale encore plus extraordinaires, c'est sa capacité à se faire passer pour un professionnel qualifié. Il a prétendu être un médecin, un avocat, un pilote de ligne et même un professeur d'université sans avoir aucune formation ni expérience dans ces domaines. Il a utilisé de faux diplômes et a appris les ficelles du métier en observant et en imitant les professionnels qu'il voulait impersonner.

L'une de ses escroqueries les plus notoires a été de se faire passer pour un pilote de ligne. Abagnale a falsifié un brevet de pilote de ligne de la Pan American World Airways (Pan Am) et a réussi à convaincre les compagnies aériennes de lui confier la commande de vols commerciaux. Pendant près de deux ans, il a piloté des avions de ligne et a voyagé gratuitement à travers le monde tout en profitant des privilèges réservés aux pilotes.

Sa carrière criminelle a également inclus la falsification de chèques. Abagnale a réussi à fabriquer de faux chèques en utilisant des comptes bancaires fictifs et à les encaisser pour des montants importants. Il a ouvert des comptes bancaires sous de faux noms et a trompé les banques en leur faisant croire qu'il était un homme d'affaires respecté.

Lorsque les autorités ont commencé à se rapprocher de lui, Abagnale a toujours réussi à échapper à la capture en changeant d'identité et en se déplaçant fréquemment. Il a utilisé de fausses pièces d'identité et a adopté différents alias pour éviter d'être retrouvé. Sa capacité à improviser et à réagir rapidement a fait de lui un fugitif insaisissable.

Cependant, sa carrière criminelle a finalement pris fin en 1969 lorsqu'il a été arrêté à la suite d'une enquête du FBI. Abagnale a été condamné à 12 ans de prison, mais il a été libéré sous caution après seulement cinq ans en échange de sa coopération avec le gouvernement.

Pendant sa détention, il a aidé les autorités à lutter contre la fraude et à identifier d'autres fraudeurs en partageant son expertise.

Après sa libération, Abagnale a poursuivi sa rédemption en devenant un consultant en sécurité et en fraude pour le gouvernement et de nombreuses entreprises. Il a utilisé son expérience criminelle pour aider à concevoir des systèmes de sécurité plus robustes et a conseillé des institutions financières sur la prévention de la fraude.

L'histoire de Frank Abagnale est devenue une légende de la criminalité, non seulement en raison de ses actes audacieux, mais aussi de sa transformation en un expert en sécurité respecté. Son histoire a inspiré de nombreuses adaptations, notamment le film "Arrête-moi si tu peux" avec Leonardo DiCaprio dans le rôle de Frank Abagnale.

Frank Abagnale a montré que même les criminels les plus ingénieux peuvent se repentir et utiliser leurs compétences pour faire le bien. Sa capacité à tromper et à échapper aux autorités reste l'une des histoires criminelles les plus fascinantes et les plus extraordinaires de tous les temps, tout en soulignant la valeur de la rédemption et de la réhabilitation.

LA INCREÍBLE FUGA DE FRANK ABAGNALE

Maestro del engaño

La historia de Frank Abagnale es una de las más increíbles y atrevidas del mundo del crimen. Entre los 16 y los 21 años, Abagnale llevó a cabo una serie de fraudes y estafas que asombraron a las autoridades e inspiraron la exitosa película de Steven Spielberg "Detenme si puedes". Su genio criminal, su habilidad para hacerse pasar por otra persona y su capacidad para evadir a las autoridades le convirtieron en uno de los delincuentes más notorios de su época.

Frank Abagnale nació en 1948 en Bronxville, Nueva York. Desde muy joven mostró un extraordinario talento para el engaño y el fraude. A los 16 años abandonó el hogar de sus padres tras el divorcio de éstos y comenzó su carrera delictiva. Su primera estafa consistió en abrir una cuenta bancaria con un nombre falso y emitir cheques sin fondos. Pronto se dio cuenta de que podía ganar dinero utilizando identidades ajenas.

Lo que hacía aún más extraordinarias las actividades delictivas de Abagnale era su capacidad para hacerse pasar por un profesional cualificado. Se hacía pasar por médico, abogado, piloto de avión e incluso profesor universitario sin tener ninguna formación ni experiencia en esos campos. Utilizaba diplomas falsos y aprendía los trucos del oficio observando e imitando a los profesionales a los que quería suplantar.

Una de sus estafas más notorias consistió en hacerse pasar por piloto de líneas aéreas. Abagnale falsificó una licencia de piloto de líneas aéreas de Pan American World Airways (Pan Am) y convenció a las aerolíneas para que le confiaran la operación de vuelos comerciales. Durante casi dos años, pilotó aviones de pasajeros y viajó gratis por todo el mundo, disfrutando de los privilegios reservados a los pilotos.

Su carrera delictiva también incluía la falsificación de cheques. Abagnale falsificó con éxito cheques utilizando cuentas bancarias ficticias y los cobró por grandes cantidades. Abrió cuentas bancarias con nombres falsos y engañó a los bancos haciéndoles creer que era un hombre de negocios respetado.

Cuando las autoridades empezaron a cercarle, Abagnale siempre consiguió eludir su captura cambiando de identidad y desplazándose con frecuencia. Utilizaba identificaciones falsas y adoptaba distintos alias para evitar ser descubierto. Su capacidad para improvisar y reaccionar con rapidez le convirtieron en un fugitivo escurridizo.

Sin embargo, su carrera delictiva llegó a su fin en 1969, cuando fue detenido a raíz de una investigación del FBI. Abagnale fue condenado a 12 años de prisión, pero quedó en libertad bajo fianza tras sólo cinco años a cambio de su cooperación con el gobierno.

Mientras estuvo detenido, ayudó a las autoridades a luchar contra el fraude e identificar a otros defraudadores compartiendo sus conocimientos.

Tras su puesta en libertad, Abagnale persiguió su redención convirtiéndose en consultor de seguridad y fraude para el gobierno y numerosas empresas. Utilizó su experiencia delictiva para ayudar a diseñar sistemas de seguridad más sólidos y asesoró a instituciones financieras en materia de prevención del fraude.

La historia de Frank Abagnale se ha convertido en una leyenda del crimen, no sólo por sus audaces hazañas, sino también por su transformación en un respetado experto en seguridad. Su historia ha inspirado numerosas adaptaciones, incluida la película "Detenme si puedes", protagonizada por Leonardo DiCaprio en el papel de Frank Abagnale.

Frank Abagnale demostró que incluso los delincuentes más ingeniosos pueden arrepentirse y utilizar sus habilidades para hacer el bien. Su habilidad para engañar y evadir a las autoridades sigue siendo una de las historias criminales más fascinantes y extraordinarias de todos los tiempos, al tiempo que subraya el valor de la redención y la rehabilitación.

15

L'AFFAIRE DE LA TOISON D'OR

Le Vol Épique d'une Œuvre d'Art Iconique

L'histoire de l'Affaire de la Toison d'Or est un récit spectaculaire de vol d'art qui a secoué le monde de l'art et de la sécurité en 2007. L'objet de cette audacieuse entreprise criminelle était la Toison d'Or, un chef-d'œuvre de l'orfèvrerie médiévale d'une valeur inestimable. Ce vol, perpétré par un gang de voleurs rusés, est devenu l'un des braquages les plus remarquables et les plus énigmatiques de l'histoire de l'art.

La Toison d'Or est une pièce maîtresse de l'art médiéval, créée au XIVe siècle pour le duc de Bourgogne Philippe le Hardi. Elle est composée d'or massif, incrustée de pierres précieuses et ornée de détails complexes. Cette œuvre d'art était à la fois un symbole de pouvoir et une pièce d'une beauté exceptionnelle, conservée au Musée des Beaux-Arts de Dijon, en France.

L'histoire du vol a commencé dans la nuit du 12 au 13 novembre 2007. Un groupe de braqueurs déterminés a pénétré dans le musée en utilisant des échelles pour escalader les murs extérieurs. Ils ont désactivé le système de sécurité sophistiqué en brouillant les signaux des caméras de surveillance et des alarmes. Les malfaiteurs se sont déplacés dans le musée avec une connaissance évidente de son agencement, montrant qu'ils avaient minutieusement préparé leur plan.

Une fois à l'intérieur, les voleurs se sont dirigés directement vers la Toison d'Or, la décrochant de son support et la plaçant dans un sac. Ils ont ensuite quitté le musée avec le précieux butin sans déclencher d'alarme ni être repérés par les gardiens de sécurité.

Le vol n'a été découvert que le matin suivant lorsque les employés du musée sont arrivés pour travailler. La Toison d'Or avait disparu, laissant derrière elle un vide dans la salle où elle était exposée. La nouvelle du vol a rapidement fait la une des journaux, suscitant l'indignation du monde entier.

Les autorités françaises ont immédiatement lancé une enquête majeure pour retrouver les voleurs et récupérer la Toison d'Or. Les enquêteurs ont examiné les images des caméras de surveillance du musée, mais les voleurs portaient des cagoules et ne laissaient aucun indice permettant de les identifier. De plus, l'utilisation habile de brouilleurs avait empêché les caméras de capturer des images claires.

Le vol de la Toison d'Or a laissé les enquêteurs perplexes. Comment un groupe de voleurs avait-il pu pénétrer dans un musée aussi sécurisé, désactiver les systèmes de sécurité sophistiqués et voler une pièce d'art inestimable sans être détecté ?

Au fil de l'enquête, des spéculations ont surgi quant à l'identité des voleurs. Certains ont suggéré qu'il pourrait s'agir d'un vol commandité par un collectionneur privé prêt à payer une rançon exorbitante pour la Toison d'Or. D'autres ont évoqué la possibilité que des criminels organisés aient orchestré le vol en vue de sa revente sur le marché noir de l'art.

Pendant près de deux ans, la Toison d'Or est restée introuvable. Les autorités françaises ont lancé un appel international pour obtenir de l'aide dans leur enquête. Interpol et d'autres agences de sécurité ont été mobilisés pour traquer les voleurs et l'œuvre d'art volée.

Finalement, en janvier 2009, près de quatorze mois après le vol, un tuyau anonyme est parvenu aux enquêteurs. Ce tuyau les a dirigés vers une ferme abandonnée en banlieue de Lyon. Là-bas, ils ont fait une découverte incroyable : la Toison d'Or était cachée sous une pile de tuiles, entourée de vieux journaux.

La Toison d'Or avait survécu à son aventure criminelle presque indemne, bien que les voleurs aient endommagé certains des bijoux incrustés en essayant de les retirer. L'œuvre d'art a été soigneusement restaurée et est revenue à son emplacement d'origine au Musée des Beaux-Arts de Dijon.

L'enquête sur le vol de la Toison d'Or a révélé peu d'informations sur les auteurs du braquage. Bien que des suspects aient été interrogés et que des pistes aient été suivies, l'identité des voleurs est restée un mystère.

L'Affaire de la Toison d'Or reste l'un des vols d'art les plus intrigants et les plus audacieux de l'histoire. Les voleurs ont réussi à pénétrer dans l'un des musées les mieux protégés de France, à désactiver les systèmes de sécurité sophistiqués et à s'échapper avec une œuvre d'art inestimable. Bien que la Toison d'Or ait été retrouvée et restaurée, l'identité des voleurs demeure un mystère, faisant de ce vol une énigme irrésolue dans le monde de l'art et de la criminalité.

EL CASO DEL TOISÓN DE ORO

El vuelo épico de una obra de arte icónica

El caso del Toisón de Oro es una espectacular historia de robo de obras de arte que conmocionó al mundo del arte y la seguridad en 2007. El objeto de esta audaz empresa delictiva fue el Toisón de Oro, una obra maestra de la orfebrería medieval de valor incalculable. El robo, llevado a cabo por una banda de astutos ladrones, se ha convertido en uno de los atracos más notables y enigmáticos de la historia del arte.

La Toison d'Or es una obra maestra del arte medieval, creada en el siglo XIV para Felipe el Temerario, duque de Borgoña. Es de oro macizo, con incrustaciones de piedras preciosas y adornada con intrincados detalles. Esta obra de arte, a la vez símbolo de poder y pieza de excepcional belleza, se conserva en el Museo de Bellas Artes de Dijon (Francia).

La historia del robo comenzó la noche del 12 al 13 de noviembre de 2007. Un grupo de ladrones decididos entró en el museo utilizando escaleras para escalar los muros exteriores. Inutilizaron el sofisticado sistema de seguridad interfiriendo las señales de las cámaras de vigilancia y las alarmas. Los delincuentes se movieron por el museo con evidente conocimiento de su distribución, lo que demuestra que habían preparado meticulosamente su plan.

Una vez dentro, los ladrones fueron directos a por el Vellocino de Oro, lo descolgaron de su soporte y lo metieron en una bolsa. A continuación, salieron del museo con el preciado botín sin hacer saltar ninguna alarma ni ser descubiertos por los guardias de seguridad.

El robo no se descubrió hasta la mañana siguiente, cuando el personal del museo llegó al trabajo. El vellocino de oro había desaparecido, dejando un vacío en la sala donde se exponía. La noticia del robo saltó rápidamente a los titulares, desatando la indignación en todo el mundo.

Las autoridades francesas pusieron inmediatamente en marcha una gran investigación para encontrar a los ladrones y recuperar la Toison d'Or. Los investigadores examinaron las imágenes de las cámaras de vigilancia del museo, pero los ladrones llevaban pasamontañas y no dejaron pistas sobre su identidad. Además, el hábil uso de inhibidores había impedido que las cámaras captaran imágenes nítidas.

El robo del Toisón de Oro ha dejado perplejos a los investigadores. Cómo pudo un grupo de ladrones entrar en un museo tan seguro, desactivar los sofisticados sistemas de seguridad y robar sin ser detectados una obra de arte de valor incalculable?

A medida que avanzaba la investigación, surgieron especulaciones sobre la identidad de los ladrones. Algunos han sugerido que podría tratarse de un robo encargado por un coleccionista privado dispuesto a pagar un rescate exorbitante por el Toisón de Oro. Otros han planteado la posibilidad de que delincuentes organizados orquestaran el robo con vistas a revenderlo en el mercado negro del arte.

Durante casi dos años, la Toison d'Or no apareció por ninguna parte. Las autoridades francesas hicieron un llamamiento internacional para que se les ayudara en la investigación. Interpol y otros organismos de seguridad se movilizaron para localizar a los ladrones y la obra de arte robada.

Finalmente, en enero de 2009, casi catorce meses después del robo, los investigadores recibieron una pista anónima. Esta pista les condujo a una granja abandonada en las afueras de Lyon. Allí hicieron un descubrimiento increíble: la Toison d'Or estaba escondida bajo un montón de tejas, rodeada de periódicos viejos.

La Toison d'Or había sobrevivido casi indemne a su aventura criminal, aunque los ladrones habían dañado algunas de las joyas incrustadas al intentar arrancarlas. La obra fue cuidadosamente restaurada y devuelta a su emplazamiento original en el Museo de Bellas Artes de Dijon.

La investigación del robo de la Toison d'Or ha revelado poca información sobre los autores. Aunque se interrogó a los sospechosos y se siguieron pistas, la identidad de los atracadores sigue siendo un misterio.

El caso del Toisón de Oro sigue siendo uno de los robos de obras de arte más intrigantes y audaces de la historia. Unos ladrones consiguieron entrar en uno de los museos más protegidos de Francia, desactivar sofisticados sistemas de seguridad y escapar con una obra de arte de valor incalculable. Aunque la Toison d'Or ha sido recuperada y restaurada, la identidad de los ladrones sigue siendo un misterio, lo que convierte este robo en un enigma sin resolver en el mundo del arte y la delincuencia.

16

L'INCROYABLE ÉVASION DE PAPILLON

Une Odyssée de Liberté

L'histoire de l'incroyable évasion de Papillon est l'un des récits de persévérance, d'endurance et de détermination les plus captivants du XXe siècle. Elle raconte l'évasion d'Henri Charrière, surnommé "Papillon", un prisonnier condamné à la prison de l'île du Diable en Guyane française au début des années 1930. Pendant des années, Papillon a tenté de s'échapper de cette prison impitoyable, et son aventure extraordinaire a été immortalisée dans son célèbre livre autobiographique.

Henri Charrière, surnommé Papillon en raison du tatouage d'un papillon sur sa poitrine, a été condamné à tort pour un meurtre qu'il n'a pas commis. En 1931, il a été envoyé à la prison de Saint-Laurent-du-Maroni en Guyane française, où les conditions de vie étaient épouvantables. La prison était située sur une île appelée l'île du Diable, entourée d'eaux infestées de requins et de forêts impénétrables.

Dès son arrivée, Papillon a rêvé de s'échapper de cet enfer. Il a commencé à planifier sa fuite avec une détermination inébranlable. Au fil des années, il a élaboré de nombreux plans d'évasion, mais tous ont échoué, le laissant à chaque fois dans une situation encore plus précaire.

Cependant, Papillon n'a jamais abandonné. Il a continué à tisser des liens avec d'autres prisonniers, à gagner leur confiance et à recueillir des informations sur les gardiens, les routes de patrouille et les conditions météorologiques. Ses efforts ont finalement porté leurs fruits en 1941, lorsque lui et un autre détenu, nommé Sylvain, ont réussi à s'évader de la prison de Saint-Laurent.

Leur évasion a été extrêmement périlleuse. Ils ont d'abord été contraints de traverser une dense jungle infestée de serpents et de bêtes sauvages. Ils ont ensuite traversé des marais remplis de crocodiles, avant d'atteindre la côte et de construire un radeau de fortune pour naviguer jusqu'à la liberté.

Malheureusement, leur radeau a été pris dans un courant marin et a été emporté au large de la mer. Pendant des jours, Papillon et Sylvain ont dérivé en haute mer, exposés aux éléments, à la faim et à la soif. Sylvain est décédé en mer, laissant Papillon seul pour affronter les éléments.

Finalement, après trente-cinq jours de dérive, Papillon a été secouru par un bateau de pêcheur vénézuélien. Il avait survécu à l'une des évasions les plus incroyables et les plus périlleuses de l'histoire.

Papillon a été ramené au Venezuela, où il a été soigné et a commencé à reconstruire sa vie. Cependant, il ne pouvait pas oublier ses compagnons de prison restés derrière lui. Il a juré de retourner en France, de révéler les injustices de la prison de l'île du Diable et de prouver son innocence.

En 1945, après avoir passé plusieurs années en Amérique du Sud, Papillon a finalement réussi à atteindre la France. Là, il a raconté son histoire au monde entier dans son livre autobiographique, intitulé "Papillon", qui est devenu un best-seller.

Le livre de Papillon a eu un impact profond en révélant au monde les horreurs de la prison de l'île du Diable et les injustices subies par les détenus. Il a également contribué à attirer l'attention sur son propre cas, et Papillon a finalement été acquitté du meurtre pour lequel il avait été condamné à tort.

L'histoire de l'incroyable évasion de Papillon a également été adaptée au cinéma, avec Steve McQueen dans le rôle de Papillon et Dustin Hoffman dans le rôle de Louis Dega, un autre détenu avec qui Papillon avait développé une amitié particulière.

L'histoire de Papillon est un témoignage de la résilience de l'esprit humain face à l'adversité. Malgré des obstacles apparemment insurmontables et des années de souffrance en prison, Papillon n'a jamais abandonné son rêve de liberté. Son incroyable détermination et son courage indomptable ont finalement conduit à son évasion miraculeuse et à la révélation des atrocités de la prison de l'île du Diable. Elle reste une histoire inspirante de persévérance, de rédemption et de lutte pour la justice.

LA INCREÍBLE FUGA DE LAS MARIPOSAS

Una odisea de libertad

La historia de la increíble evasión de Papillon es uno de los relatos de perseverancia, resistencia y determinación más apasionantes del siglo XX. Narra la fuga de Henri Charrière, apodado "Papillon", un preso condenado a la cárcel de Ile du Diable, en la Guayana Francesa, a principios de la década de 1930. Durante años, Papillon intentó escapar de esta despiadada prisión, y su extraordinaria aventura quedó inmortalizada en su famoso libro autobiográfico.

Henri Charrière, apodado Papillon por el tatuaje de una mariposa que llevaba en el pecho, fue condenado injustamente por un asesinato que no cometió. En 1931 fue enviado a la prisión de Saint-Laurent-du-Maroni, en la Guayana Francesa, donde las condiciones de vida eran espantosas. La prisión estaba situada en una isla llamada Isla del Diablo, rodeada de aguas infestadas de tiburones y bosques impenetrables.

Desde el momento en que llegó, Papillon soñó con escapar de este infierno. Empezó a planear su huida con una determinación inquebrantable. A lo largo de los años, ideó numerosos planes de fuga, pero todos fracasaron, dejándole cada vez en una situación más precaria.

Pero Papillon nunca se rindió. Siguió forjando vínculos con otros presos, ganándose su confianza y recabando información sobre los guardias, las rutas de patrulla y las condiciones meteorológicas. Sus esfuerzos acabaron dando fruto en 1941, cuando él y otro recluso, Sylvain, consiguieron escapar de la prisión de Saint-Laurent.

Su huida fue extremadamente peligrosa. Primero tuvieron que atravesar una densa jungla infestada de serpientes y animales salvajes. Luego atravesaron pantanos llenos de cocodrilos, antes de llegar a la costa y construir una balsa improvisada para navegar hacia la libertad.

Por desgracia, su balsa quedó atrapada en una corriente marina y fue arrastrada mar adentro. Durante días, Papillon y Sylvain navegaron a la deriva en alta mar, expuestos a los elementos, al hambre y a la sed. Sylvain murió en el mar, dejando a Papillon solo frente a los elementos.

Finalmente, tras treinta y cinco días a la deriva, Papillon fue rescatado por un pesquero venezolano. Había sobrevivido a una de las escapadas más increíbles y peligrosas de la historia.

Papillon fue devuelto a Venezuela, donde recibió tratamiento y empezó a rehacer su vida. Sin embargo, no podía olvidar a sus compañeros de prisión. Prometió volver a Francia, denunciar las injusticias de la prisión de la Isla del Diablo y demostrar su inocencia.

En 1945, tras pasar varios años en Sudamérica, Papillon consiguió por fin llegar a Francia. Allí contó su historia al mundo en su libro autobiográfico Papillon, que se convirtió en un éxito de ventas.

El libro de Papillon tuvo un profundo impacto, revelando al mundo los horrores de la prisión de Devil's Island y las injusticias sufridas por los reclusos. También contribuyó a llamar la atención sobre su propio caso, y Papillon fue finalmente absuelto del asesinato por el que había sido condenado injustamente.

La historia de la increíble fuga de Papillon también fue llevada al cine, protagonizada por Steve McQueen como Papillon y Dustin Hoffman como Louis Dega, otro prisionero con el que Papillon había desarrollado una amistad especial.

La historia de Papillon es un testimonio de la resistencia del espíritu humano ante la adversidad. A pesar de obstáculos aparentemente insuperables y años de sufrimiento en prisión, Papillon nunca renunció a su sueño de libertad. Su increíble determinación y su indomable coraje le llevaron finalmente a su milagrosa fuga y a la revelación de las atrocidades de la prisión de Devil's Island. Sigue siendo una historia inspiradora de perseverancia, redención y lucha por la justicia.

17

L'INCROYABLE HISTOIRE DU "MIRACLE DE L'HUDSON"

L'Amerrissage Héroïque de l'US Airways Flight 1549

Le 15 janvier 2009, le vol US Airways 1549 a écrit une page spectaculaire dans l'histoire de l'aviation en accomplissant un "miracle" époustouflant connu sous le nom de "Miracle de l'Hudson". Ce vol, piloté par le commandant Chesley "Sully" Sullenberger et le premier officier Jeffrey Skiles, a subi une double défaillance de moteur peu après son décollage de l'aéroport de LaGuardia à New York. L'incroyable atterrissage d'urgence réussi sur la rivière Hudson a sauvé la vie des 155 personnes à bord et est devenu un exemple de sang-froid, de compétence et de leadership dans les situations de crise.

L'US Airways Flight 1549 était un vol régulier reliant New York à Charlotte, en Caroline du Nord. Peu après son décollage, l'avion a frappé un vol d'oiseaux, qui a endommagé gravement ses deux moteurs. Les pilotes ont perdu toute puissance moteur et ont rapidement réalisé qu'ils ne pouvaient pas atteindre un aéroport proche.

Face à une situation extrêmement grave et en quelques instants, le commandant Sully Sullenberger et le premier officier Jeffrey Skiles ont dû prendre une décision cruciale : amerrir l'avion sur la rivière Hudson, une manœuvre hautement risquée et sans précédent. Ils savaient que la vie des 155 passagers et membres d'équipage était en jeu.

Sully Sullenberger a manœuvré l'avion pour un amerrissage contrôlé sur la rivière Hudson, à quelques minutes seulement après la panne des moteurs. Les passagers ont été informés de la situation par l'équipage et ont été invités à se préparer à l'impact. Les pilotes ont réalisé un atterrissage en douceur sur l'eau glacée de la rivière Hudson, avec l'avion restant à flot grâce à sa conception spéciale et à la rapidité de la manœuvre.

Une fois l'avion immobilisé, les passagers et l'équipage ont été évacués sur les ailes de l'avion et sur des bateaux de secours qui sont rapidement arrivés sur les lieux. Tous les occupants de l'avion ont été secourus sans blessure grave, bien que certains aient subi des blessures mineures et des symptômes d'hypothermie en raison de l'eau glacée.

L'amerrissage héroïque de l'US Airways Flight 1549 a été accueilli avec soulagement et admiration à travers le monde. Les images de l'avion flottant sur la rivière Hudson avec les passagers debout sur les ailes sont devenues emblématiques. Les médias ont rapidement surnommé l'événement le "Miracle de l'Hudson", un titre qui reflétait l'incroyable réussite de l'équipage et des équipes de secours.

L'enquête qui a suivi a confirmé la compétence et l'expérience des pilotes, ainsi que leur gestion exemplaire de la situation de crise. Les défaillances simultanées des deux moteurs de l'avion en raison de la collision avec des oiseaux étaient un scénario extrêmement rare, mais l'équipage a réagi de manière exemplaire en effectuant un amerrissage en toute sécurité.

Le commandant Sully Sullenberger et le premier officier Jeffrey Skiles ont été largement salués comme des héros pour leur leadership dans cette situation critique. Ils ont été invités à témoigner devant le Congrès des États-Unis sur la sécurité de l'aviation, contribuant ainsi à l'amélioration des procédures et des protocoles de sécurité dans l'industrie aéronautique.

Le "Miracle de l'Hudson" a également inspiré un film intitulé "Sully", réalisé par Clint Eastwood et mettant en vedette Tom Hanks dans le rôle de Sully Sullenberger. Le film a offert un aperçu plus approfondi de l'incident et de ses conséquences pour l'équipage et les passagers.

L'histoire de l'US Airways Flight 1549 rappelle l'importance de la formation, de la compétence et du calme dans les situations de crise. Elle incarne également la capacité de l'humanité à faire face à l'adversité et à surmonter des défis apparemment insurmontables grâce au dévouement et à la détermination. Le "Miracle de l'Hudson" reste un témoignage éternel de courage et de leadership dans des circonstances exceptionnelles.

LA INCREÍBLE HISTORIA DEL
"MILAGRO EN EL HUDSON"

El heroico aterrizaje del vuelo 1549 de US Airways

El 15 de enero de 2009, el vuelo 1549 de US Airways escribió una página espectacular en la historia de la aviación al realizar un impresionante "milagro" conocido como el "Milagro del Hudson". El vuelo, pilotado por el capitán Chesley "Sully" Sullenberger y el primer oficial Jeffrey Skiles, sufrió un fallo doble en un motor poco después de despegar del aeropuerto neoyorquino de LaGuardia. El increíble aterrizaje de emergencia en el río Hudson salvó la vida de las 155 personas que iban a bordo y se convirtió en un ejemplo de compostura, habilidad y liderazgo en situaciones de crisis.

El vuelo 1549 de US Airways era un vuelo regular de Nueva York a Charlotte, Carolina del Norte. Poco después de despegar, el avión chocó con una bandada de pájaros, que dañaron gravemente sus dos motores. Los pilotos perdieron toda la potencia de los motores y rápidamente se dieron cuenta de que no podían llegar a un aeropuerto cercano.

Ante una situación de extrema gravedad y en cuestión de instantes, el capitán Sully Sullenberger y el primer oficial Jeffrey Skiles tuvieron que tomar una decisión crucial: amarizar el avión en el río Hudson, una maniobra muy arriesgada y sin precedentes. Sabían que las vidas de los 155 pasajeros y la tripulación estaban en juego.

Sully Sullenberger maniobró el avión para realizar un aterrizaje acuático controlado en el río Hudson, pocos minutos después de que fallaran los motores. La tripulación informó a los pasajeros de la situación y les pidió que se prepararan para el impacto. Los pilotos lograron un aterrizaje suave en las heladas aguas del río Hudson, manteniéndose el avión a flote gracias a su especial diseño y a la rapidez de la maniobra.

Una vez detenida la aeronave, los pasajeros y la tripulación fueron evacuados a las alas del avión y a los botes de rescate, que llegaron rápidamente al lugar. Todos los ocupantes de la aeronave fueron rescatados sin lesiones graves, aunque algunos sufrieron heridas leves y síntomas de hipotermia debido al agua helada.

El heroico amerizaje del vuelo 1549 de US Airways fue acogido con alivio y admiración en todo el mundo. Las imágenes del avión flotando en el río Hudson con los pasajeros de pie sobre las alas se convirtieron en icónicas. Los medios de comunicación no tardaron en bautizar el suceso como el "Milagro del Hudson", un título que reflejaba el increíble logro de la tripulación y los equipos de rescate.

La investigación posterior confirmó la pericia y experiencia de los pilotos, así como su manejo ejemplar de la situación de crisis. El fallo simultáneo de los dos motores de la aeronave como consecuencia del impacto con un pájaro era un escenario extremadamente raro, pero la tripulación reaccionó de forma ejemplar llevando a cabo un amaraje seguro.

El comandante Sully Sullenberger y el primer oficial Jeffrey Skiles han sido ampliamente aclamados como héroes por su liderazgo en esta situación crítica. Han sido invitados a testificar ante el Congreso de Estados Unidos sobre seguridad aérea, ayudando a mejorar los procedimientos y protocolos de seguridad en la industria de la aviación.

El "Milagro del Hudson" también inspiró una película llamada "Sully", dirigida por Clint Eastwood y protagonizada por Tom Hanks en el papel de Sully

Sullenberger. La película ofrecía una visión más profunda del incidente y sus consecuencias para la tripulación y los pasajeros.

La historia del vuelo 1549 de US Airways nos recuerda la importancia de la formación, la destreza y la calma en situaciones de crisis. También encarna la capacidad de la humanidad para enfrentarse a la adversidad y superar retos aparentemente insuperables mediante la dedicación y la determinación. El "Milagro en el Hudson" sigue siendo un testimonio eterno de valor y liderazgo en circunstancias excepcionales.

18

L'AFFAIRE DE LA FRAUDE AU DIAMANT ROSE (2003)

Une arnaque aux conséquences dévastatrices

L'année 2003 a été marquée par l'une des plus grandes escroqueries financières de tous les temps, connue sous le nom de l'affaire de la fraude au diamant rose. Cette affaire a secoué le monde de l'investissement, mettant en lumière l'ingéniosité malveillante de certains individus prêts à tout pour s'enrichir aux dépens des autres.

Tout a commencé par une série d'annonces intrigantes et alléchantes. Des investisseurs du monde entier ont été contactés par des courtiers en valeurs mobilières et des entreprises spécialisées dans les investissements alternatifs. Ces courtiers leur ont présenté une opportunité en apparence unique : l'investissement dans des diamants roses rares, une classe d'actifs réputée pour sa stabilité et son potentiel de rendement élevé.

Les diamants roses sont depuis longtemps considérés comme une forme d'investissement précieuse en raison de leur rareté et de leur attrait esthétique. L'idée d'investir dans ces gemmes naturelles, qui semblaient être une valeur sûre, a attiré un grand nombre d'investisseurs, du novice au vétéran.

Les escrocs derrière cette fraude avaient soigneusement élaboré leur stratégie. Ils prétendaient avoir accès à des mines exclusives en Afrique du Sud et en Australie, d'où provenaient les fameux diamants roses. Ils exhibaient de faux certificats d'authenticité, des photos de mines fictives et des témoignages de prétendus experts en gemmologie pour renforcer leur crédibilité.

Pour séduire les investisseurs, les escrocs promettaient des rendements extrêmement élevés, bien au-dessus de ce que les investissements traditionnels pouvaient offrir. Ils affirmaient que les diamants roses étaient une protection contre l'inflation et les fluctuations économiques, ce qui les rendait encore plus attrayants dans un contexte de méfiance envers les marchés financiers traditionnels.

De plus, pour donner l'impression que les diamants étaient de vrais actifs tangibles, les escrocs proposaient aux investisseurs de conserver leurs diamants dans des coffres-forts sécurisés, prétendument sous haute surveillance. Cela ajoutait une couche de confiance supplémentaire pour ceux qui étaient prêts à investir d'importantes sommes d'argent.

La fraude a connu un succès phénoménal au début. Les investisseurs affluent, espérant réaliser des gains substantiels grâce à leurs investissements dans les diamants roses. Les escrocs encaissaient rapidement l'argent des investisseurs et continuaient à promettre des rendements mirifiques.

Cependant, la vérité était bien différente. Les diamants roses que les escrocs avaient vendus n'étaient rien d'autre que des imitations sophistiquées, créées en laboratoire pour ressembler à s'y méprendre à de vraies gemmes. Les faux certificats d'authenticité et les preuves visuelles étaient fabriqués de toutes pièces, créant une illusion de valeur réelle.

Au fil du temps, certains investisseurs ont commencé à se poser des questions. Les rendements promis n'étaient pas au rendez-vous, et certains ont même essayé de récupérer leurs diamants pour les faire évaluer par des experts indépendants. C'est alors que la supercherie a commencé à se dévoiler.

Les experts en gemmologie ont rapidement identifié les diamants roses comme des imitations. Le scandale a éclaté, et de nombreux investisseurs se sont retrouvés dans une situation financière désastreuse. Ils avaient investi des sommes considérables dans une escroquerie habilement orchestrée.

Les autorités ont immédiatement lancé des enquêtes approfondies pour retrouver les escrocs derrière cette fraude au diamant rose. Il s'est avéré que l'organisation frauduleuse était vaste et bien organisée. Elle avait opéré à l'échelle mondiale, utilisant des sociétés- écrans et des comptes bancaires offshore pour dissimuler les fonds illégalement acquis.

Les arrestations ont commencé à avoir lieu à travers le monde, et les leaders de l'escroquerie ont été arrêtés et traduits en justice. Les victimes, quant à elles, ont été confrontées à une réalité amère. Beaucoup d'entre elles avaient perdu la totalité de leurs économies, leurs retraites et même leurs biens personnels.

L'affaire de la fraude au diamant rose a mis en lumière l'importance de la diligence raisonnable dans les investissements, même lorsqu'il s'agit d'actifs qui semblent infaillibles. Elle a également renforcé la nécessité de réglementations plus strictes pour protéger les investisseurs contre de telles escroqueries.

Les conséquences de cette affaire ont été dévastatrices pour de nombreuses personnes. Elle a laissé des cicatrices financières et émotionnelles profondes qui ont duré des années.

Cependant, elle a également servi d'avertissement retentissant sur les dangers des investissements trop alléchants pour être vrais et sur l'importance de la prudence et de l'éducation financière.

L'affaire de la fraude au diamant rose de 2003 restera à jamais gravée dans l'histoire comme un exemple flagrant de l'avidité humaine et de la capacité de quelques individus sans scrupules à exploiter cette avidité pour leur propre bénéfice. Elle rappelle aux investisseurs du monde entier que la prudence et la vigilance sont des vertus cruciales lorsqu'il s'agit de gérer leur argent durement gagné.

EL CASO DEL FRAUDE DEL DIAMANTE ROSA (2003)

Una estafa de consecuencias devastadoras

El año 2003 estuvo marcado por una de las mayores estafas financieras de todos los tiempos, conocida como el fraude del diamante rosa. El asunto sacudió el mundo de la inversión, poniendo al descubierto la maliciosa ingenuidad de individuos dispuestos a todo para enriquecerse a costa de los demás.

Todo empezó con una serie de anuncios intrigantes y tentadores. Inversores de todo el mundo fueron contactados por agentes de bolsa y empresas especializadas en inversiones alternativas. Estos corredores les presentaron una oportunidad aparentemente única: invertir en diamantes rosas raros, una clase de activos famosa por su estabilidad y su alto potencial de rentabilidad.

Los diamantes rosas se han considerado durante mucho tiempo una valiosa forma de inversión debido a su rareza y atractivo estético. La idea de invertir en estas gemas naturales, que parecían una apuesta segura, atrajo a un gran número de inversores, desde principiantes hasta veteranos.

Los estafadores habían diseñado cuidadosamente su estrategia. Afirmaban tener acceso a minas exclusivas de Sudáfrica y Australia, de donde procedían los famosos diamantes rosas. Utilizaban certificados de autenticidad falsos, fotos de minas ficticias y testimonios de supuestos expertos en gemas para reforzar su credibilidad.

Para seducir a los inversores, los estafadores prometían rendimientos altísimos, muy por encima de lo que podían ofrecer las inversiones tradicionales. Afirmaban que los diamantes rosas ofrecían protección contra la inflación y las fluctuaciones económicas, lo que los hacía aún más atractivos en un contexto de desconfianza hacia los mercados financieros tradicionales.

Además, para dar la impresión de que los diamantes eran bienes tangibles reales, los estafadores ofrecían a los inversores la posibilidad de guardar sus diamantes en cajas fuertes seguras, supuestamente muy vigiladas. Esto añadía un plus de confianza a quienes estaban dispuestos a invertir grandes sumas de dinero.

El fraude tuvo un éxito fenomenal al principio. Los inversores acudieron en masa, con la esperanza de obtener sustanciosas ganancias de sus inversiones en diamantes rosas. Los estafadores cobraron rápidamente el dinero de los inversores y siguieron prometiendo fabulosas ganancias.

Sin embargo, la verdad era muy distinta. Los diamantes rosas que los estafadores habían vendido no eran más que sofisticadas imitaciones, creadas en un laboratorio para que parecieran gemas reales. Los certificados de autenticidad falsos y las pruebas visuales eran fabricados, creando una ilusión de valor real.

Con el tiempo, algunos inversores empezaron a hacer preguntas. Los beneficios prometidos no llegaban y algunos incluso intentaron recuperar sus diamantes para que los valoraran expertos independientes. Entonces empezó a revelarse el engaño.

Los expertos en gemología no tardaron en identificar los diamantes rosas como imitaciones. El escándalo estalló y muchos inversores se encontraron en una situación financiera desesperada. Habían invertido sumas considerables en una estafa hábilmente orquestada.

Las autoridades iniciaron inmediatamente investigaciones en profundidad para localizar a los estafadores que estaban detrás de este fraude con diamantes rosas. Resultó que la organización fraudulenta era grande y estaba bien organizada. Había operado a escala mundial, utilizando empresas ficticias y cuentas bancarias en paraísos fiscales para ocultar los fondos obtenidos ilegalmente.

Empezaron a producirse detenciones en todo el mundo y los cabecillas de la estafa fueron arrestados y puestos a disposición judicial. Las víctimas, mientras tanto, se enfrentaban a una amarga realidad. Muchas habían perdido todos sus ahorros, pensiones e incluso sus posesiones personales.

La estafa de los diamantes rosas ha puesto de relieve la importancia de la diligencia debida a la hora de invertir, incluso en activos aparentemente infalibles. También ha reforzado la necesidad de una normativa más estricta para proteger a los inversores de este tipo de estafas.

Las consecuencias de este asunto fueron devastadoras para muchas personas. Dejó profundas cicatrices económicas y emocionales que duraron años.

Sin embargo, también sirvió de sonora advertencia sobre los peligros de las inversiones demasiado buenas para ser ciertas, y sobre la importancia de la prudencia y la educación financiera.

El fraude de los diamantes rosas de 2003 pasará para siempre a la historia como un ejemplo flagrante de la codicia humana y de la capacidad de unos pocos individuos sin escrúpulos para explotar esa codicia en su propio beneficio. Recuerda a los inversores de todo el mundo que la prudencia y la vigilancia son virtudes cruciales a la hora de gestionar el dinero que tanto les ha costado ganar.

19

L'INCROYABLE HISTOIRE DE MIKE COOTS

L'Homme Qui a Surmonté une Attaque de Requin pour Défendre ces Prédateurs Marins

L'histoire de Mike Coots est à la fois spectaculaire et inspirante. En 1997, alors qu'il était adolescent, Mike a survécu à une attaque de requin qui lui a coûté sa jambe droite. Plutôt que de nourrir la peur ou la haine envers ces prédateurs marins, il a choisi de consacrer sa vie à la défense des requins et à la sensibilisation à leur conservation.

Mike Coots était un jeune surfeur passionné sur l'île de Kauai à Hawaï lorsqu'il a été attaqué par un requin-tigre alors qu'il surfait avec des amis. La force de l'animal a été dévastatrice, lui arrachant la jambe droite au-dessous du genou. Malgré l'horreur de la situation, Mike a gardé son sang-froid et a lutté pour rejoindre la plage.

Cette attaque aurait pu marquer la fin de sa passion pour le surf et sa relation avec les requins, mais Mike a choisi une voie différente. Après sa rééducation et son adaptation à une prothèse, il a décidé de ne pas céder à la peur ou à la colère envers les requins. Au lieu de cela, il a cherché à comprendre ces créatures fascinantes et à défendre leur conservation.

Mike a plongé tête la première dans le monde de la photographie sous-marine, utilisant son expérience personnelle pour documenter les requins dans leur environnement naturel. Il a voyagé à travers le monde pour nager avec différentes espèces de requins, des requins- baleines aux grands requins blancs. Ses photographies ont capturé la beauté et la majesté de ces prédateurs marins, brisant les stéréotypes négatifs qui les entourent.

Mais Mike ne s'est pas contenté de capturer des images époustouflantes. Il est devenu un défenseur actif de la conservation des requins, plaidant pour des mesures de protection plus strictes et la fin de la pêche de requins pour leurs nageoires, une pratique cruelle et non durable.

Il a travaillé avec des organisations environnementales et a partagé son histoire lors de conférences et de présentations pour sensibiliser le public à l'importance de préserver les requins, qui jouent un rôle crucial dans l'équilibre des écosystèmes marins.

L'une des campagnes les plus marquantes de Mike Coots a été son plaidoyer pour l'interdiction de la vente et du commerce de produits dérivés de requins, en particulier les ailerons de requin. Il a contribué à faire pression sur Hawaï pour qu'il devienne le premier État des États-Unis à interdire le commerce d'ailerons de requin en 2010, un succès majeur pour la conservation des requins.

Mais Mike ne s'est pas arrêté là. Il a également milité pour la création de sanctuaires marins et la protection des habitats essentiels des requins. Sa voix et son engagement ont attiré l'attention des médias et du grand public sur ces questions cruciales.

Outre son travail de conservation, Mike a également encouragé d'autres victimes d'attaques de requins à surmonter leur traumatisme et à trouver un sens à leur expérience. Il a fondé une organisation appelée "Unstoppable", qui vise à soutenir et à inspirer les survivants d'attaques de requins, ainsi qu'à promouvoir la compréhension et la protection des requins. L'histoire de

Mike Coots est une preuve vivante de la résilience humaine et de la capacité à transformer une tragédie personnelle en une mission positive pour le bien de la planète. Sa passion pour les requins et sa détermination à les protéger ont eu un impact significatif sur la sensibilisation à la conservation de ces créatures emblématiques.

Aujourd'hui, Mike continue son travail de défense des requins et de sensibilisation à leur conservation, montrant que chaque individu peut contribuer à la préservation de notre planète, même en commençant par une expérience personnelle dévastatrice. Son histoire est un rappel puissant de la capacité de l'homme à transformer l'adversité en force et en action positive pour le bien de la nature et de la société.

LA INCREÍBLE HISTORIA DE
MIKE COOTS

El hombre que superó un ataque de
tiburón para defender a estos
depredadores marinos

La historia de Mike Coots es tan espectacular como inspiradora. En 1997, siendo adolescente, Mike sobrevivió a un ataque de tiburón que le costó la pierna derecha. En lugar de albergar miedo u odio hacia estos depredadores marinos, optó por dedicar su vida a defender a los tiburones y concienciar sobre su conservación.

Mike Coots era un joven y entusiasta surfista en la isla de Kauai, en Hawai, cuando fue atacado por un tiburón tigre mientras practicaba surf con unos amigos. La fuerza del animal fue devastadora, arrancándole la pierna derecha por debajo de la rodilla. A pesar del horror de la situación, Mike mantuvo la calma y luchó por volver a la playa.

Este ataque podría haber marcado el final de su pasión por el surf y de su relación con los tiburones, pero Mike eligió un camino diferente. Tras rehabilitarse y adaptarse a una prótesis, decidió no ceder al miedo ni a la ira hacia los tiburones. En lugar de ello, se propuso comprender a estas fascinantes criaturas y defender su conservación.

Mike se zambulló de cabeza en el mundo de la fotografía submarina, utilizando su experiencia personal para documentar a los tiburones en su entorno natural. Ha viajado por todo el mundo para nadar con muchas especies diferentes de tiburones, desde el tiburón ballena hasta el gran tiburón blanco. Sus fotografías han captado la belleza y majestuosidad de estos depredadores marinos, rompiendo los estereotipos negativos que los rodean.

Pero Mike no se ha limitado a capturar imágenes impresionantes. Se ha convertido en un activo defensor de la conservación de los tiburones, abogando por medidas de protección más estrictas y por el fin de la cruel e insostenible práctica de pescar tiburones por sus aletas.

Ha colaborado con organizaciones ecologistas y compartido su historia en conferencias y presentaciones para sensibilizar a la opinión pública sobre la importancia de preservar los tiburones, que desempeñan un papel crucial en el equilibrio de los ecosistemas marinos.

Una de las campañas más influyentes de Mike Coots ha sido su defensa de la prohibición de la venta y el comercio de productos derivados del tiburón, en particular las aletas. Su labor fue decisiva a la hora de presionar a Hawái para que se convirtiera en el primer estado de EE. UU. en prohibir el comercio de aletas de tiburón en 2010, un gran éxito para la conservación de los tiburones.

Pero Mike no se ha detenido ahí. También ha hecho campaña por la creación de santuarios marinos y la protección de hábitats esenciales para los tiburones. Su voz y su compromiso han llamado la atención de los medios de comunicación y del público en general sobre estas cuestiones cruciales.

Además de su labor de conservación, Mike también ha animado a otras víctimas de ataques de tiburón a superar su trauma y encontrar sentido a su experiencia. Fundó una organización llamada "Unstoppable", cuyo objetivo es apoyar e inspirar a los supervivientes de ataques de tiburón y promover la comprensión y la protección de los tiburones. La historia de Mike Coots es una prueba viviente de la resistencia humana y de la capacidad de convertir una tragedia personal en una misión positiva por el bien del planeta. Su pasión por los tiburones y su determinación para protegerlos han tenido un impacto significativo en la concienciación sobre la conservación de estas emblemáticas criaturas.

Hoy, Mike continúa su labor de defensa de los tiburones y de concienciación sobre su conservación, demostrando que todo individuo puede contribuir a la preservación de nuestro planeta, aunque empiece por una experiencia personal devastadora. Su historia es un poderoso recordatorio de la capacidad del hombre para convertir la adversidad en fortaleza y acción positiva por el bien de la naturaleza y la sociedad.

20

LA DÉCOUVERTE DU TRÉSOR DE L'ÉPAVE DU SAN JOSÉ

Un Trésor Englouti Évalué à des Milliards de Dollars

L'histoire de la découverte du trésor de l'épave du San José est une saga maritime spectaculaire qui a captivé le monde et révélé un trésor inestimable englouti dans les profondeurs de l'océan pendant plus de trois siècles. L'épave du San José, un navire de guerre espagnol chargé de richesses précieuses, a été découvert au large des côtes de la Colombie en 2015, dévoilant un trésor estimé à des milliards de dollars.

L'histoire remonte au début du XVIIIe siècle, pendant l'âge d'or de la piraterie et de la rivalité entre les grandes puissances maritimes européennes. Le San José, un navire de guerre espagnol, était chargé d'un trésor incalculable, composé d'or, d'argent, de bijoux et de joyaux précieux, destiné à financer la guerre de succession d'Espagne.

Le 8 juin 1708, au cours d'une bataille acharnée, le San José a été coulé par la flotte britannique au large de la côte de ce qui est aujourd'hui la Colombie. Le navire sombra rapidement dans les profondeurs de la mer des Caraïbes, emportant avec lui son trésor inestimable et une grande partie de son équipage.

Pendant des siècles, le San José et son trésor ont été perdus dans l'oubli, devenant une légende de la mer. Les chercheurs et les chasseurs de trésors du monde entier ont tenté de localiser l'épave, mais en vain. La véritable localisation du San José est restée l'un des mystères les plus célèbres de l'histoire maritime.

Tout a changé en novembre 2015, lorsque des chercheurs colombiens ont annoncé une découverte extraordinaire. Ils avaient localisé l'épave du San José à une profondeur d'environ 800 mètres au large des côtes de Carthagène, en Colombie. La nouvelle a rapidement fait le tour du monde, suscitant un vif intérêt et de nombreuses questions sur la nature du trésor englouti.

L'épave du San José était incroyablement bien conservée en raison de la profondeur à laquelle elle avait été trouvée. Les images sous-marines ont révélé un trésor étincelant, composé de milliers de pièces d'or et d'argent, d'objets en bronze, de canons en bronze et d'autres artefacts précieux. Le site était jonché de trésors, certains encore dans leurs coffres en bois d'origine.

L'annonce de la découverte a immédiatement suscité des débats juridiques et diplomatiques, car la question de la propriété et de la répartition du trésor était complexe. La Colombie, l'Espagne et les descendants des marins de l'équipage du San José ont tous revendiqué des droits sur le trésor. Des années de négociations et de litiges ont suivi, avec des enjeux financiers considérables.

L'un des éléments les plus fascinants de cette histoire est la mystérieuse inscription trouvée sur l'une des cloches de l'épave. L'inscription, qui comporte une série de chiffres et de lettres, est devenue le sujet de spéculations et de théories. Certains ont suggéré qu'elle pourrait contenir des indices sur le trésor lui-même, tandis que d'autres pensent qu'elle pourrait être liée à des codes secrets de l'époque.

La découverte du trésor du San José a également ravivé l'intérêt pour l'histoire maritime et la recherche de trésors. Elle a été célébrée comme l'une des découvertes archéologiques les plus importantes de l'histoire récente, non seulement en raison de la valeur financière du trésor, mais aussi en raison de sa signification historique et culturelle.

Les recherches archéologiques sur l'épave et le trésor du San José se poursuivent, avec l'espoir de découvrir davantage d'indices sur son histoire et sa destination. La découverte continue d'alimenter l'imagination du public et de rappeler que, même après des siècles d'oubli, des trésors perdus peuvent être retrouvés dans les profondeurs de la mer.

L'histoire du trésor de l'épave du San José est un rappel spectaculaire de la richesse de l'histoire maritime et de l'incroyable pouvoir de découverte de l'humanité. Elle montre que, même dans notre monde moderne, des trésors cachés peuvent être retrouvés, apportant avec eux des récits fascinants du passé et des merveilles englouties.

El descubrimiento del tesoro del pecio del San José

Un tesoro enterrado valorado en miles de millones de dólares

La historia del descubrimiento del tesoro del pecio del San José es una espectacular saga marítima que ha cautivado al mundo y ha revelado un tesoro de valor incalculable hundido en las profundidades del océano durante más de tres siglos. El pecio del San José, un buque de guerra español cargado de valiosas riquezas, fue descubierto frente a las costas de Colombia en 2015, revelando un tesoro cuyo valor se estima en miles de millones de dólares.

La historia se remonta a principios del siglo XVIII, durante la edad de oro de la piratería y la rivalidad entre las grandes potencias marítimas europeas. El San José, buque de guerra español, iba cargado con un incalculable tesoro de oro, plata, joyas y alhajas preciosas, destinado a financiar la Guerra de Sucesión española.

El 8 de junio de 1708, durante una encarnizada batalla, el San José fue hundido por la flota británica frente a las costas de la actual Colombia. El barco se hundió rápidamente en las profundidades del mar Caribe, llevándose consigo su valioso tesoro y gran parte de su tripulación.

Durante siglos, el San José y su tesoro se perdieron en el olvido, convirtiéndose en una leyenda del mar. Investigadores y buscadores de tesoros de todo el mundo han intentado localizar el pecio, pero sin éxito. La verdadera ubicación del San José sigue siendo uno de los misterios más famosos de la historia marítima.

Todo cambió en noviembre de 2015, cuando investigadores colombianos anunciaron un descubrimiento extraordinario. Habían localizado el pecio del San José a unos 800 metros de profundidad frente a las costas de Cartagena (Colombia). La noticia dio rápidamente la vuelta al mundo, despertando un intenso interés y muchas preguntas sobre la naturaleza del tesoro hundido.

El pecio del San José estaba increíblemente bien conservado debido a la profundidad a la que se halló. Las imágenes subacuáticas revelaron un reluciente tesoro de miles de monedas de oro y plata, objetos de bronce, cañones de bronce y otros artefactos preciosos. El yacimiento estaba repleto de tesoros, algunos aún en sus cofres de madera originales.

El anuncio del descubrimiento desencadenó de inmediato debates jurídicos y diplomáticos, ya que la cuestión de la propiedad y la distribución del tesoro era compleja. Colombia, España y los descendientes de los marineros del San José reclamaban derechos sobre el tesoro. Siguieron años de negociaciones y litigios, con considerables intereses financieros en juego.

Uno de los elementos más fascinantes de esta historia es la misteriosa inscripción hallada en una de las campanas del pecio. La inscripción, compuesta por una serie de números y letras, se ha convertido en objeto de especulaciones y teorías. Algunos han sugerido que podría contener pistas sobre el propio tesoro, mientras que otros creen que podría estar relacionada con códigos secretos de la época.

El descubrimiento del tesoro del San José también ha reavivado el interés por la historia marítima y la búsqueda de tesoros. Se ha celebrado como uno de los descubrimientos arqueológicos más importantes de la historia reciente, no sólo por el valor económico del tesoro, sino también por su significado histórico y cultural.

Continúan las investigaciones arqueológicas sobre el pecio y el tesoro del San José, con la esperanza de descubrir más pistas sobre su historia y destino. El descubrimiento sigue encendiendo la imaginación del público y sirve de recordatorio de que, incluso después de siglos de olvido, se pueden encontrar tesoros perdidos en las profundidades del mar.

La historia del tesoro del pecio del San José es un espectacular recordatorio de la riqueza de la historia marítima y del increíble poder de descubrimiento de la humanidad. Demuestra que, incluso en nuestro mundo moderno, se pueden encontrar tesoros ocultos que traen consigo fascinantes historias del pasado y maravillas hundidas.

21

LE VOL DU SIÈCLE EN FRANCE

Le Casse de la Banque de France

L'histoire spectaculaire du "Vol du Siècle", comme il est souvent appelé, est un récit d'audace criminelle et d'ingéniosité qui a choqué le monde en 1976. Ce braquage mémorable a vu un groupe de malfaiteurs dérober des centaines de millions de francs français à la Banque de France, déclenchant une chasse à l'homme internationale et laissant les enquêteurs perplexes.

L'histoire commence dans la petite ville de Mâcon, en France, où un homme du nom d'Albert Spaggiari, un criminel bien connu, réunit une équipe de complices talentueux. Spaggiari avait déjà un passé criminel notoire et était connu pour sa ruse et son évasion réussie de la prison de Nice en 1971.

Le 16 juillet 1976, le groupe de Spaggiari a mis en œuvre un plan audacieux pour voler la Banque de France à Nice, l'une des institutions financières les mieux gardées du pays. Leur plan était complexe et élaboré, impliquant une combinaison de compétences techniques, de connaissance des systèmes de sécurité bancaire et de planification minutieuse.

Les criminels ont creusé un tunnel de 7 mètres de long à partir des égouts de la ville jusqu'à la chambre forte de la banque. Le tunnel était si étroit que les malfaiteurs devaient se déplacer à genoux, mais il était suffisamment grand pour transporter leur butin.

Le vol a eu lieu pendant un week-end de trois jours, lorsque la banque était fermée pour le 14 juillet, jour de la fête nationale française. Les braqueurs ont percé le mur de la chambre forte, ouvrant un trou de la taille d'une mallette, puis ont commencé à remplir des sacs avec des billets de banque et des lingots d'or. En tout, ils ont volé l'équivalent de plusieurs centaines de millions de francs français, une somme astronomique à l'époque.

Après avoir commis leur crime, les malfaiteurs se sont échappés par le tunnel et ont disparu dans la nuit. Le lendemain matin, lorsque les employés de la banque sont arrivés pour travailler, ils ont découvert l'ampleur du vol et ont immédiatement alerté les autorités.

L'enquête qui a suivi a été un cauchemar pour la police française. Les malfaiteurs avaient laissé peu de preuves tangibles derrière eux, et leur évasion à travers les égouts avait rendu difficile la collecte de témoignages. De plus,

Spaggiari et son équipe avaient pris soin de ne pas laisser d'empreintes digitales ni de traces ADN sur les lieux du crime.

Au lieu de se cacher, Albert Spaggiari a choisi de se moquer ouvertement des autorités françaises. Il a envoyé une lettre de revendication aux médias et aux enquêteurs, déclarant : "Sans armes, ni haine, ni violence". Cette lettre a contribué à faire de lui une sorte de héros populaire en France, où certains l'ont surnommé "l'homme invisible".

Pendant plusieurs années, Spaggiari est resté en cavale, se cachant dans divers pays et changeant régulièrement de nom et d'identité. Les autorités françaises ont lancé un mandat d'arrêt international, mais elles ont eu du mal à le localiser.

Finalement, en 1987, près de onze ans après le vol initial, Spaggiari a été capturé en Argentine grâce à une collaboration entre les autorités françaises et argentines. Cependant, l'extradition de Spaggiari en France a été un processus long et complexe, et il est finalement mort d'un cancer en prison en 1989, avant d'être jugé.

Le vol de la Banque de France a été une affaire sensationnelle qui a captivé l'imagination du public et des médias. Il a été adapté au cinéma et à la télévision, et il reste l'un des braquages les plus célèbres de l'histoire.

L'histoire du "Vol du Siècle" est un rappel spectaculaire de la capacité humaine à planifier et à exécuter des crimes audacieux, mais aussi de la détermination des autorités à traquer les criminels et à les traduire en justice, même s'il faut des années pour y parvenir. Elle a également montré comment un individu charismatique et rusé peut se transformer en une figure légendaire, que ce soit en tant que héros ou en tant que bandit, dans l'imaginaire collectif.

EL ROBO DEL SIGLO EN FRANCIA

Le Casse de la Banque de France

La espectacular historia del "Robo del Siglo", como se le suele llamar, es un relato de audacia e ingenio criminal que conmocionó al mundo en 1976. En este memorable robo, un grupo de delincuentes sustrajo cientos de millones de francos franceses de la Banque de France, lo que desencadenó una persecución internacional y dejó desconcertados a los investigadores.

La historia comienza en la pequeña ciudad de Mâcon, Francia, donde un hombre llamado Albert Spaggiari, un conocido delincuente, reúne a un equipo de cómplices de talento. Spaggiari ya tenía un notorio pasado delictivo y era conocido por su astuta y exitosa fuga de la prisión de Niza en 1971.

El 16 de julio de 1976, el grupo Spaggiari puso en marcha un audaz plan para atracar el Banco de Francia en Niza, una de las instituciones financieras mejor vigiladas del país. Su plan era complejo y elaborado, e implicaba una combinación de habilidad técnica, conocimiento de los sistemas de seguridad de los bancos y una planificación meticulosa.

Los delincuentes excavaron un túnel de 7 metros de largo desde las alcantarillas de la ciudad hasta la cámara acorazada del banco. El túnel era tan estrecho que los delincuentes tenían que caminar de rodillas, pero era lo bastante grande para transportar su botín.

El robo se produjo durante un fin de semana de tres días, cuando el banco estaba cerrado por el 14 de julio, día festivo en Francia. Los ladrones rompieron la pared de la cámara acorazada, abriendo un agujero del tamaño de un maletín, y luego empezaron a llenar bolsas con billetes y lingotes de oro. En total, robaron el equivalente a varios cientos de millones de francos franceses, una suma astronómica en aquella época.

Tras cometer su delito, los delincuentes escaparon por el túnel y desaparecieron en la noche. A la mañana siguiente, cuando los empleados del banco llegaron a trabajar, descubrieron la magnitud del robo y alertaron inmediatamente a las autoridades.

La investigación posterior fue una pesadilla para la policía francesa. Los delincuentes habían dejado pocas pruebas tangibles y su huida por las alcantarillas había dificultado la recogida de pruebas. Además, Spaggiari y su equipo habían tenido cuidado de no dejar huellas dactilares ni rastros de ADN en la escena del crimen.

En lugar de esconderse, Albert Spaggiari optó por burlarse abiertamente de las autoridades francesas. Envió una carta de reivindicación a los medios de comunicación y a los investigadores, declarando: "Sin armas, sin odio, sin violencia". Esta carta contribuyó a convertirle en una especie de héroe popular en Francia, donde algunos le apodaron "el hombre invisible".

Durante varios años, Spaggiari permaneció huido, escondido en varios países y cambiando regularmente de nombre e identidad. Las autoridades francesas emitieron una orden de detención internacional, pero tuvieron dificultades para localizarlo.

Finalmente, en 1987, casi once años después del robo inicial, Spaggiari fue capturado en Argentina gracias a la colaboración entre las autoridades francesas y argentinas. Sin embargo, la extradición de Spaggiari a Francia fue un proceso largo y complejo, y finalmente murió de cáncer en prisión en 1989, antes de ser juzgado.

El atraco al Banque de France fue un asunto sensacional que cautivó la imaginación del público y de los medios de comunicación. Adaptado al cine y la televisión, sigue siendo uno de los atracos más famosos de la historia.

La historia del "Robo del Siglo" es un recordatorio espectacular no sólo de la capacidad humana para planear y ejecutar delitos audaces, sino también de la determinación de las autoridades para seguir la pista de los delincuentes y llevarlos ante la justicia, aunque se tarden años en hacerlo. También demostró cómo un individuo carismático y astuto puede convertirse en una figura legendaria, ya sea como héroe o como villano, en el imaginario colectivo.

22

L'EXPÉDITION
SPECTACULAIRE DE SPACEX

Un Pas de Géant vers la
Commercialisation Spatiale

Le 30 mai 2020, le monde a assisté à un événement spectaculaire et historique lorsque SpaceX, l'entreprise d'exploration spatiale fondée par Elon Musk, a lancé avec succès deux astronautes américains vers la Station spatiale internationale (ISS) à bord de la capsule Crew Dragon. Cette mission, appelée Demo-2, a marqué un tournant dans l'histoire de l'exploration spatiale en ouvrant la voie à la commercialisation de l'accès à l'espace.

L'histoire de SpaceX remonte à 2002, lorsque Elon Musk a fondé l'entreprise avec l'ambition audacieuse de réduire le coût de l'accès à l'espace et de rendre la colonisation de Mars possible. Pendant des années, SpaceX a travaillé sur le développement de fusées réutilisables et de technologies innovantes pour révolutionner le secteur spatial.

La mission Demo-2 a été le couronnement de ces efforts. Elle était la première mission spatiale habitée lancée depuis le sol américain en près de neuf ans, depuis la fin du programme de navettes spatiales de la NASA en 2011. Elle symbolisait également la transition vers un modèle commercial de l'exploration spatiale, où les entreprises privées jouent un rôle de premier plan.

Le vaisseau Crew Dragon, conçu par SpaceX, a été le véhicule spatial utilisé pour cette mission historique. L'objectif principal de Demo-2 était de tester la capsule en conditions réelles avec un équipage à bord, afin de valider sa sécurité et son efficacité pour les futures missions vers l'ISS.

Les deux astronautes choisis pour cette mission étaient Douglas Hurley et Robert Behnken, deux vétérans de la NASA. Le 30 mai 2020, à 15h22, heure de la côte est des États-Unis, le lanceur Falcon 9 de SpaceX a décollé du Kennedy Space Center en Floride, emportant Crew Dragon et son précieux équipage.

L'ascension a été spectaculaire, et des millions de téléspectateurs à travers le monde ont suivi le lancement en direct. Le sentiment d'excitation et d'anticipation était palpable, car cette mission représentait bien plus qu'un simple voyage vers l'ISS. Elle symbolisait l'avenir

de l'exploration spatiale, où les entreprises privées pourraient jouer un rôle essentiel dans l'accès à l'espace.

Après un voyage de 19 heures à travers l'espace, Crew Dragon a réussi à s'amarrer avec succès à la Station spatiale internationale le 31 mai 2020. L'amarrage a été effectué de manière autonome, démontrant la précision et la fiabilité du système développé par SpaceX. Lorsque les portes de Crew Dragon ont été ouvertes, les astronautes ont été accueillis chaleureusement par l'équipage de l'ISS. Cette rencontre symbolique a marqué une étape historique dans la coopération internationale dans l'espace, avec SpaceX devenant le premier transporteur commercial à fournir un équipage à la station.

Au cours des deux mois qui ont suivi, Hurley et Behnken ont travaillé en étroite collaboration avec les astronautes de la NASA et des agences spatiales internationales à bord de l'ISS. Ils ont effectué des expériences scientifiques, effectué des sorties extravéhiculaires pour des réparations et ont contribué aux opérations quotidiennes de la station.

Le 2 août 2020, après 64 jours passés à bord de l'ISS, Crew Dragon s'est détaché de la station spatiale pour entamer son voyage de retour vers la Terre. Le 2 août, à 14h48, heure de la côte est, le vaisseau spatial est revenu en toute sécurité dans l'océan Atlantique, près de la côte de Pensacola, en Floride.

L'amerrissage a été un moment spectaculaire, mettant fin avec succès à la mission Demo-2. Les astronautes ont été récupérés par l'équipe de récupération de SpaceX et ramenés à terre, marquant la conclusion réussie de cette mission historique.

La mission Demo-2 de SpaceX a été un succès retentissant à bien des égards. Elle a non seulement validé la sécurité et la fiabilité du vaisseau spatial Crew Dragon, mais elle a également ouvert la porte à une ère nouvelle et passionnante de l'exploration spatiale commerciale.

Depuis lors, SpaceX a continué à réaliser des missions de ravitaillement et de transport d'équipages vers l'ISS, contribuant à maintenir la présence humaine continue dans l'espace. L'entreprise prévoit également des missions vers la Lune et Mars dans un avenir proche, poursuivant ainsi la vision audacieuse de son fondateur, Elon Musk.

La mission Demo-2 restera dans les annales de l'histoire de l'exploration spatiale comme un tournant majeur, un exemple spectaculaire de ce que l'ingéniosité humaine et la détermination peuvent accomplir. Elle a rappelé au monde entier que l'espace est à la portée de l'humanité, et que nous sommes à l'aube d'une ère passionnante de découvertes et d'exploration dans l'univers infini qui nous entoure.

LA ESPECTACULAR EXPEDICIÓN DE SPACEX

Un paso de gigante hacia la comercialización espacial

El 30 de mayo de 2020, el mundo fue testigo de un acontecimiento espectacular e histórico cuando SpaceX, la empresa de exploración espacial fundada por Elon Musk, lanzó con éxito a dos astronautas estadounidenses a la Estación Espacial Internacional (EEI) a bordo de la cápsula Crew Dragon. Esta misión, conocida como Demo-2, marcó un punto de inflexión en la historia de la exploración espacial al allanar el camino para la comercialización del acceso al espacio.

La historia de SpaceX se remonta a 2002, cuando Elon Musk fundó la empresa con la audaz ambición de reducir el coste de acceso al espacio y hacer posible la colonización de Marte. Durante años, SpaceX ha trabajado en el desarrollo de cohetes reutilizables y tecnologías innovadoras para revolucionar el sector espacial.

La misión Demo-2 fue la coronación de estos esfuerzos. Fue la primera misión espacial tripulada lanzada desde suelo estadounidense en casi nueve años, desde el final del programa de transbordadores espaciales de la NASA en 2011. También simbolizó la transición a un modelo comercial de exploración espacial, en el que las empresas privadas desempeñan un papel protagonista.

La nave espacial Crew Dragon, diseñada por SpaceX, fue el vehículo utilizado para esta histórica misión. El principal objetivo de la Demo-2 era probar la cápsula en condiciones reales con una tripulación a bordo, con el fin de validar su seguridad y eficiencia para futuras misiones a la ISS.

Los dos astronautas elegidos para esta misión fueron los veteranos de la NASA Douglas Hurley y Robert Behnken. El 30 de mayo de 2020, a las 15.22 hora de la costa este de Estados Unidos, el vehículo de lanzamiento Falcon 9 de SpaceX despegó del Centro Espacial Kennedy en Florida, llevando a Crew Dragon y a su preciada tripulación.

El ascenso fue espectacular y millones de telespectadores de todo el mundo siguieron el lanzamiento en directo. La emoción y la expectación eran palpables, porque esta misión representaba mucho más que un simple viaje a la ISS. Simbolizaba el futuro exploración espacial, donde las empresas privadas podrían desempeñar un papel clave en el acceso al espacio.

Tras un viaje de 19 horas por el espacio, Crew Dragon se acopló con éxito a la Estación Espacial Internacional el 31 de mayo de 2020. El acoplamiento se realizó de forma autónoma, demostrando la precisión y fiabilidad del sistema desarrollado por SpaceX. Cuando se abrieron las puertas de Crew Dragon, los astronautas recibieron una calurosa bienvenida por parte de la tripulación de la ISS. Este encuentro simbólico marcó un hito histórico en la cooperación internacional en el espacio, al convertirse SpaceX en la primera compañía comercial en tripular la estación.

Durante los dos meses siguientes, Hurley y Behnken trabajaron en estrecha colaboración con astronautas de la NASA y de agencias espaciales internacionales a bordo de la ISS. Realizaron experimentos científicos, caminatas espaciales para reparaciones y contribuyeron a las operaciones diarias de la estación.

El 2 de agosto de 2020, tras 64 días a bordo de la ISS, Crew Dragon se separó de la estación espacial para iniciar su viaje de regreso a la Tierra. El 2 de agosto, a las 14.48 hora de la costa este, la nave espacial regresó sana y salva al océano Atlántico, cerca de la costa de Pensacola (Florida).

El amartizaje fue un momento espectacular, que puso fin con éxito a la misión Demo-2. Los astronautas fueron recuperados por el equipo de recuperación de SpaceX y regresaron a la Tierra. Los astronautas fueron recuperados por el equipo de recuperación de SpaceX y regresaron a la Tierra, lo que supuso la conclusión con éxito de esta misión histórica.

La misión Demo-2 de SpaceX fue un éxito rotundo en muchos sentidos. No solo validó la seguridad y fiabilidad de la nave espacial Crew Dragon, sino que también abrió la puerta a una nueva y emocionante era de exploración espacial comercial.

Desde entonces, SpaceX ha seguido enviando misiones de suministro y tripulación a la ISS, contribuyendo a mantener una presencia humana continua en el espacio. La empresa también planea misiones a la Luna y Marte en un futuro próximo, continuando con la audaz visión de su fundador, Elon Musk.

La misión Demo-2 pasará a los anales de la historia de la exploración espacial como un importante punto de inflexión, un ejemplo espectacular de lo que el ingenio y la determinación humanos pueden lograr. Recordó al mundo que el espacio está al alcance de la humanidad y que nos encontramos en los albores de una apasionante era de descubrimiento y exploración del universo infinito que nos rodea.

23

LE TRIANGLE DES BERMUDES

Le Mystère Non Résolu de la Zone de Disparition

Le Triangle des Bermudes est l'un des mystères les plus célèbres et les plus énigmatiques de l'histoire maritime. Cette zone, située dans l'océan Atlantique entre la Floride, les Bermudes et Porto Rico, est devenue synonyme de disparitions mystérieuses d'avions, de navires et de personnes au fil des ans. Bien que de nombreuses théories aient été avancées pour expliquer ces disparitions, le mystère du Triangle des Bermudes reste en grande partie non résolu.

Le terme "Triangle des Bermudes" a été popularisé dans les années 1960 par l'auteur Vincent Gaddis dans son livre "Invisible Horizons: True Mysteries of the Sea" (Horizons invisibles : vrais mystères de la mer). Depuis lors, il est devenu un terme courant pour décrire la région où ces énigmes se produisent.

Le mystère du Triangle des Bermudes a commencé à attirer l'attention du public dans les années 1940 et 1950, lorsque plusieurs navires et avions ont disparu sans laisser de trace en traversant la zone. L'un des cas les plus célèbres est la disparition du vol 19 en décembre 1945. Ce groupe de cinq avions torpilleurs de la marine américaine a décollé de Fort Lauderdale, en Floride, pour un exercice d'entraînement et n'est jamais revenu. Les équipes de recherche ont également perdu la trace d'un hydravion de sauvetage envoyé pour les secourir. Au total, 27 personnes ont disparu ce jour-là.

Le Triangle des Bermudes est également devenu le théâtre de nombreuses disparitions de navires. L'un des navires les plus célèbres à avoir disparu dans la zone est le SS Cyclops, un cargo américain qui transportait du manganèse et qui a disparu en mars 1918 avec un équipage de 309 personnes à bord. Aucun débris ni aucune trace du navire n'ont jamais été retrouvés.

Les disparitions dans le Triangle des Bermudes ont souvent été entourées de circonstances étranges et inexplicables. Les radios des avions et des navires ont parfois émis des messages incohérents ou des signaux de détresse avant de disparaître. Dans d'autres cas, les navires ont été retrouvés dérivant sans équipage à bord, comme s'ils avaient été abandonnés soudainement.

De nombreuses théories ont été avancées pour expliquer les disparitions du Triangle des Bermudes, allant des explications rationnelles aux spéculations plus fantastiques. Parmi les explications rationnelles, on trouve les conditions météorologiques imprévisibles de la région, les erreurs de navigation, les dysfonctionnements mécaniques et les problèmes de communication. Certains experts estiment que les concentrations de gaz méthane dans l'eau pourraient entraîner des perturbations dans la flottabilité des navires, provoquant ainsi leur naufrage.

D'autres théories ont tendance à être plus spéculatives, impliquant des explications surnaturelles ou extraterrestres. Certains ont avancé l'idée que des extraterrestres auraient enlevé les personnes et les objets disparus, tandis que d'autres ont parlé de portails temporels ou de vortex qui auraient aspiré les navires et les avions.

Cependant, il est important de noter que de nombreux experts rejettent ces théories plus fantaisistes comme dénuées de fondement scientifique.

Malgré les nombreuses spéculations et les enquêtes menées au fil des ans, le mystère du Triangle des Bermudes reste en grande partie non résolu. Les disparitions continuent de se produire de temps en temps, bien que dans une moindre mesure qu'à l'époque où le mystère a été découvert.

La véritable explication des disparitions dans le Triangle des Bermudes reste l'objet de débats et de recherches, mais le mystère continue de fasciner et d'intriguer le public du monde entier. Le Triangle des Bermudes reste l'un des plus grands mystères de notre époque, un endroit où la réalité et la légende se confondent, laissant derrière elles une aura de mystère insondable.

EL TRIÁNGULO DE LAS BERMUDAS

El misterio sin resolver de la zona desaparecida

El Triángulo de las Bermudas es uno de los misterios más famosos y enigmáticos de la historia marítima. Esta zona, situada en el Océano Atlántico entre Florida, las Bermudas y Puerto Rico, se ha convertido a lo largo de los años en sinónimo de misteriosas desapariciones de aviones, barcos y personas. Aunque se han propuesto muchas teorías para explicar estas desapariciones, el misterio del Triángulo de las Bermudas sigue sin resolverse en gran medida.

El término "Triángulo de las Bermudas" fue popularizado en la década de 1960 por el escritor Vincent Gaddis en su libro "Horizontes invisibles: Verdaderos misterios del mar". Desde entonces, se ha convertido en un término común para describir la zona donde se producen estos misterios.

El misterio del Triángulo de las Bermudas comenzó a atraer la atención pública en las décadas de 1940 y 1950, cuando varios barcos y aviones desaparecieron sin dejar rastro a su paso por la zona. Uno de los casos más famosos fue la desaparición del Vuelo 19 en diciembre de 1945. Este grupo de cinco aviones torpederos de la Marina estadounidense despegó de Fort Lauderdale (Florida) para realizar un ejercicio de entrenamiento y nunca regresó. Los equipos de búsqueda también perdieron el rastro de un hidroavión de salvamento enviado para rescatarlos. En total, ese día desaparecieron 27 personas.

El Triángulo de las Bermudas también ha sido escenario de numerosas desapariciones de barcos. Uno de los más famosos fue el SS Cyclops, un carguero estadounidense que transportaba manganeso y desapareció en marzo de 1918 con 309 tripulantes a bordo. Nunca se encontraron restos ni rastro del barco.

Las desapariciones en el Triángulo de las Bermudas han estado a menudo rodeadas de circunstancias extrañas e inexplicables. Las radios de aviones y barcos han emitido a veces mensajes incoherentes o señales de socorro antes de desaparecer. En otros casos, se han encontrado barcos a la deriva sin tripulación a bordo, como si hubieran sido abandonados repentinamente.

Se han propuesto muchas teorías para explicar las desapariciones del Triángulo de las Bermudas, desde explicaciones racionales hasta especulaciones más fantásticas. Entre las explicaciones racionales figuran las condiciones meteorológicas impredecibles de la región, los errores de navegación, los fallos mecánicos y los problemas de comunicación. Algunos expertos creen que las concentraciones de gas metano en el agua podrían provocar alteraciones en la flotabilidad de los barcos, provocando su hundimiento.

Otras teorías tienden a ser más especulativas e implican explicaciones sobrenaturales o extraterrestres. Algunos han propuesto la idea de que los extraterrestres secuestraron a las personas y objetos desaparecidos, mientras que otros han hablado de portales del tiempo o vórtices que succionaron las naves y aviones.

Sin embargo, es importante señalar que muchos expertos descartan estas teorías más fantasiosas por carecer de base científica.

A pesar de las muchas especulaciones e investigaciones realizadas a lo largo de los años, el misterio del Triángulo de las Bermudas sigue sin resolverse. Siguen produciéndose desapariciones de vez en cuando, aunque en menor medida que cuando se descubrió el misterio.

La verdadera explicación de las desapariciones en el Triángulo de las Bermudas sigue siendo objeto de debate e investigación, pero el misterio continúa fascinando e intrigando al público de todo el mundo. El Triángulo de las Bermudas sigue siendo uno de los mayores misterios de nuestro tiempo, un lugar donde realidad y leyenda se funden, dejando tras de sí un aura de misterio insondable.

24

LE MYSTÈRE DU VOL MH370

L'Énigme de l'Avion Disparu

Le vol MH370 de la Malaysia Airlines est l'un des mystères les plus déconcertants et les plus célèbres de l'histoire de l'aviation moderne. Le 8 mars 2014, cet avion de ligne a disparu en vol avec 239 personnes à bord, déclenchant une recherche internationale sans précédent qui a duré des années et qui reste en grande partie non résolue à ce jour.

Le vol MH370 a quitté l'aéroport international de Kuala Lumpur en Malaisie à destination de Pékin, en Chine. À bord se trouvaient 227 passagers et 12 membres d'équipage. Le vol semblait se dérouler normalement jusqu'à ce qu'il atteigne l'espace aérien vietnamien, moment où il a disparu des radars civils. Les contrôleurs aériens vietnamiens ont tenté en vain de reprendre contact avec l'avion.

Le mystère du vol MH370 a été aggravé par le fait que les systèmes de communication de l'avion semblaient avoir été intentionnellement désactivés. Les enquêteurs ont découvert que quelqu'un à bord avait éteint les transpondeurs, qui émettent des informations de vol cruciales, ainsi que le système de communication ACARS, qui envoie automatiquement des données de performance de l'avion.

Après la disparition de l'avion, une vaste opération de recherche a été lancée, couvrant une zone de l'océan Indien de la taille de l'Europe occidentale. Les recherches ont mobilisé de nombreux pays, des navires, des avions et même des sous-marins. Malgré des efforts considérables, aucun débris significatif ni aucune trace de l'avion n'ont été trouvés pendant de longs mois.

Le mystère du vol MH370 a suscité de nombreuses théories et spéculations. L'une des premières théories avancées était qu'un acte terroriste avait provoqué la disparition de l'avion. Cependant, aucune revendication terroriste n'a été faite, et les enquêteurs n'ont trouvé aucune preuve de l'implication d'un groupe terroriste.

Une autre théorie suggérait que les pilotes ou l'un des membres d'équipage auraient détourné l'avion intentionnellement. Des enquêtes approfondies sur les antécédents des membres d'équipage n'ont révélé aucun motif apparent pour une telle action.

Au fur et à mesure que les recherches se poursuivaient, des débris commençaient à apparaître sur les côtes de l'océan Indien, notamment sur l'île de La Réunion. Ces débris ont été confirmés comme provenant du vol MH370, confirmant ainsi que l'avion s'était écrasé dans l'océan. Cependant, la zone de l'océan où l'avion aurait pu s'écraser reste immense et difficile d'accès, ce qui a compliqué la recherche des restes de l'avion et de ses passagers.

Les enquêteurs ont examiné les données satellitaires pour tenter de retracer le trajet de l'avion après sa disparition des radars. Ces données ont conduit à la conclusion que l'avion avait probablement continué de voler pendant plusieurs heures après sa disparition des écrans radar, avant de s'écraser dans l'océan Indien.

Malgré ces découvertes, de nombreuses questions restent sans réponse. La principale question est de savoir pourquoi l'avion a dévié de sa trajectoire prévue et pourquoi les systèmes de communication ont été désactivés. Les motivations des personnes à bord et les circonstances entourant la disparition demeurent un mystère.

Le vol MH370 a non seulement été un défi pour les enquêteurs, mais il a également été une tragédie dévastatrice pour les familles des passagers et des membres d'équipage.

L'incertitude et le manque de réponses claires ont ajouté à leur douleur et à leur chagrin. En 2018, le gouvernement malaisien a mis fin officiellement aux recherches sous-marines pour retrouver l'épave de l'avion. Cependant, le mystère du vol MH370 continue de hanter l'aviation mondiale et de susciter des débats et des théories. Les familles des victimes réclament toujours la vérité et espèrent un jour obtenir des réponses sur ce qui est arrivé à leurs proches.

Le vol MH370 reste l'un des plus grands mystères non résolus de l'histoire de l'aviation, un rappel poignant de l'énigme qui peut entourer même les événements les plus modernes et les mieux documentés.

EL MISTERIO DEL VUELO

MH370

El enigma del avión desaparecido

El vuelo MH370 de Malaysia Airlines es uno de los misterios más desconcertantes y notorios de la historia de la aviación moderna. El 8 de marzo de 2014, este avión de pasajeros desapareció en vuelo con 239 personas a bordo, lo que desencadenó una búsqueda internacional sin precedentes que ha durado años y sigue en gran medida sin resolverse a día de hoy.

El vuelo MH370 partió del aeropuerto internacional de Kuala Lumpur (Malasia) con destino a Pekín (China). A bordo viajaban 227 pasajeros y 12 miembros de la tripulación. El vuelo parecía desarrollarse con normalidad hasta que alcanzó el espacio aéreo vietnamita, momento en el que desapareció de los radares civiles. Los controladores aéreos vietnamitas intentaron en vano recuperar el contacto con el avión.

El misterio del vuelo MH370 se vio agravado por el hecho de que los sistemas de comunicación del avión parecían haber sido desactivados intencionadamente. Los investigadores descubrieron que alguien a bordo había apagado los transpondedores, que transmiten información crucial sobre el vuelo, así como el sistema de comunicación ACARS, que envía automáticamente datos sobre el rendimiento del avión.

Tras la desaparición del avión, se puso en marcha una vasta operación de búsqueda que abarcó una zona del Océano Índico del tamaño de Europa Occidental. En la búsqueda participaron muchos países, barcos, aviones e incluso submarinos. A pesar de los considerables esfuerzos, no se encontraron restos significativos ni rastro del avión durante muchos meses.

El misterio del vuelo MH370 ha dado lugar a muchas teorías y especulaciones. Una de las primeras teorías planteadas fue que un acto terrorista había causado la desaparición del avión. Sin embargo, no se ha producido ninguna reivindicación terrorista y los investigadores no han encontrado pruebas de la implicación de un grupo terrorista.

Otra teoría sugería que los pilotos o uno de los miembros de la tripulación habían secuestrado el avión intencionadamente. Las exhaustivas investigaciones sobre los antecedentes de los miembros de la tripulación no revelaron ningún motivo aparente para tal acción.

A medida que proseguía la búsqueda, empezaron a aparecer restos en las costas del océano Índico, sobre todo en la isla de La Reunión. Se confirmó que estos restos procedían del vuelo MH370, lo que confirmaba que el avión se había estrellado en el océano. Sin embargo, la zona del océano donde podría haberse estrellado el avión sigue siendo inmensa y de difícil acceso, lo que ha complicado la búsqueda de los restos del avión y sus pasajeros.

Los investigadores examinaron los datos de los satélites para intentar trazar la ruta del avión después de que desapareciera de los radares. Estos datos llevaron a la conclusión de que el avión probablemente había seguido volando durante varias horas después de desaparecer de las pantallas de radar, antes de estrellarse en el océano Índico.

A pesar de estos descubrimientos, quedan muchas preguntas sin respuesta. La cuestión principal es por qué el avión se desvió de su trayectoria prevista y por qué se desactivaron los sistemas de comunicación. Los motivos de los que iban a bordo y las circunstancias que rodearon la desaparición siguen siendo un misterio.

El vuelo MH370 no sólo ha supuesto un reto para los investigadores, sino también una tragedia devastadora para las familias de los pasajeros y la tripulación.

La incertidumbre y la falta de respuestas claras han agravado su dolor y su pena. En 2018, el gobierno malasio puso fin oficialmente a la búsqueda submarina de los restos del avión. Sin embargo, el misterio del vuelo MH370 sigue acechando a la aviación mundial y provocando debates y teorías. Las familias de las víctimas siguen exigiendo la verdad y esperan obtener algún día respuestas sobre lo ocurrido a sus seres queridos.

El vuelo MH370 sigue siendo uno de los mayores misterios sin resolver de la historia de la aviación, un conmovedor recordatorio del enigma que puede rodear incluso a los acontecimientos más modernos y mejor documentados.

25

L'ÉNIGME DE L'HOMME DE TAURED

L'Étranger Venu d'Ailleurs

L'histoire de l'homme de Taured est l'une des énigmes les plus mystérieuses et intrigantes du monde. Bien que peu connue du grand public, elle continue de susciter l'incrédulité et la fascination des amateurs de mystères non résolus. L'histoire raconte l'apparition soudaine et la disparition tout aussi mystérieuse d'un homme qui prétendait venir d'un pays inexistant.

L'histoire commence un jour de juillet 1954 à l'aéroport international de Haneda à Tokyo, au Japon. Un homme d'apparence européenne, élégamment vêtu, se présenta au guichet d'immigration pour faire estampiller son passeport. Cependant, il devait rapidement devenir évident que cet homme était très différent des autres voyageurs.

L'homme présenta son passeport, émis par le pays de Taured. Selon lui, Taured était un pays situé entre la France et l'Espagne, et il existait depuis des siècles. Il montra également d'autres documents de voyage, y compris des permis de conduire et des cartes de crédit, tous émis par le gouvernement de Taured.

Les agents de l'immigration furent perplexes, car ils n'avaient jamais entendu parler de Taured ni de sa localisation. Ils examinèrent attentivement ses documents, mais tout semblait en ordre. L'homme, qui parlait couramment le français et l'anglais, semblait tout à fait sûr de lui et de l'existence de son pays.

Les agents décidèrent de le placer dans une chambre d'hôtel surveillée en attendant de clarifier la situation. Ils ont pris son passeport et ses autres documents et ont pris des mesures pour enquêter sur l'affaire. Les enquêteurs ont tenté de retracer l'origine des documents de voyage et de vérifier l'existence de Taured, mais rien ne correspondait.

Pendant son séjour à l'hôtel, l'homme a été surveillé en permanence par des agents de sécurité japonais. Cependant, le mystère de l'homme de Taured ne s'est pas arrêté là. Le lendemain matin, lorsqu'ils sont retournés dans sa chambre, l'homme avait complètement disparu.

La chambre était située au huitième étage de l'hôtel, et il n'y avait aucune issue par laquelle il aurait pu s'échapper. Les fenêtres étaient verrouillées de l'intérieur, et il n'y avait aucun signe d'effraction. L'homme avait également laissé tous ses effets personnels dans la chambre, y compris son argent et ses vêtements.

L'enquête s'est rapidement étendue pour tenter de retrouver l'homme disparu, mais il semblait s'être évaporé sans laisser de trace. Personne ne l'avait vu sortir de l'hôtel, et il n'y avait aucune preuve qu'il avait quitté le pays. Le mystère de l'homme de Taured était devenu encore plus énigmatique.

Au fur et à mesure que l'enquête avançait, de nouvelles questions surgissaient. Comment l'homme était-il arrivé à l'aéroport de Tokyo sans laisser de trace de son voyage depuis Taured ? Comment avait-il pu disparaître de sa chambre d'hôtel verrouillée de l'intérieur ? Plusieurs théories ont été avancées pour expliquer ce mystère. Certains ont suggéré que l'homme était un voyageur temporel, venant d'une réalité parallèle ou d'une époque différente. D'autres ont spéculé sur l'existence réelle de Taured, mais aucun pays correspondant à sa description n'a jamais été découvert.

Une autre hypothèse est que l'homme souffrait d'une forme rare de délire ou de trouble de la personnalité, ce qui l'a conduit à inventer une réalité alternative. Cependant, cela ne répondrait pas à la question de sa disparition inexplicable de la chambre d'hôtel.

Le mystère de l'homme de Taured reste non résolu à ce jour. Malgré les enquêtes et les recherches, aucune preuve définitive n'a été trouvée pour expliquer qui était cet homme, d'où il venait réellement, et comment il a pu disparaître de manière aussi mystérieuse. L'histoire continue de hanter les amateurs de mystères non résolus et de susciter des débats sur l'existence de mondes parallèles et de réalités inexplorées.

EL ENIGMA DEL HOMBRE POR

TAURED

El extraño de otra parte

La historia del Hombre de Tauro es uno de los enigmas más misteriosos e intrigantes del mundo. Aunque poco conocida por el gran público, sigue despertando la incredulidad y la fascinación de los aficionados a los misterios sin resolver. La historia narra la repentina aparición e igualmente misteriosa desaparición de un hombre que afirmaba proceder de un país inexistente.

La historia comienza un día de julio de 1954 en el aeropuerto internacional de Haneda, en Tokio (Japón). Un hombre de aspecto europeo y elegantemente vestido se presenta en el mostrador de inmigración para que le sellen el pasaporte. Sin embargo, pronto quedó claro que este hombre era muy diferente de los demás viajeros.

El hombre presenta su pasaporte, expedido por el país de Taured. Según él, Taured era un país situado entre Francia y España que existía desde hacía siglos. También mostró otros documentos de viaje, como permisos de conducir y tarjetas de crédito, todos expedidos por el gobierno de Taured.

Los funcionarios de inmigración se quedaron perplejos, pues nunca habían oído hablar de Taured ni de su paradero. Examinaron detenidamente sus documentos, pero todo parecía estar en orden. El hombre, que hablaba francés e inglés con fluidez, parecía muy seguro de sí mismo y de la existencia de su país.

Los agentes decidieron alojarlo en una habitación de hotel vigilada hasta que se aclarara la situación. Se llevaron su pasaporte y otros documentos y tomaron medidas para investigar el asunto. Los investigadores intentaron rastrear el origen de los documentos de viaje y verificar la existencia de Taured, pero nada coincidía.

Durante su estancia en el hotel, el hombre estuvo bajo la vigilancia constante de guardias de seguridad japoneses. Sin embargo, el misterio del hombre de Taured no terminó ahí. A la mañana siguiente, cuando regresaron a su habitación, el hombre había desaparecido por completo.

La habitación estaba en la octava planta del hotel y no había ninguna salida por la que pudiera haber escapado. Las ventanas estaban cerradas por dentro y no había señales de que hubieran forzado la entrada. El hombre también había dejado todos sus efectos personales en la habitación, incluido el dinero y la ropa.

La investigación se amplió rápidamente para intentar encontrar al desaparecido, pero parecía haberse esfumado sin dejar rastro. Nadie le había visto salir del hotel, y no había pruebas de que hubiera abandonado el país. El misterio del hombre de Taured se había vuelto aún más enigmático.

A medida que avanzaba la investigación, surgían nuevas preguntas. ¿Cómo había llegado el hombre al aeropuerto de Tokio sin dejar rastro de su viaje desde Taured? ¿Cómo pudo desaparecer de su habitación de hotel, que estaba cerrada por dentro? Se han propuesto varias teorías para explicar este misterio. Algunos han sugerido que el hombre era un viajero del tiempo procedente de una realidad paralela o de una época diferente. Otros han especulado sobre la existencia real de Taured, pero nunca se ha descubierto un país que se ajuste a su descripción.

Otra hipótesis es que el hombre sufriera una rara forma de delirio o trastorno de la personalidad, que le llevó a inventar una realidad alternativa. Sin embargo, esto no respondería a la pregunta de su inexplicable desaparición de la habitación del hotel.

El misterio del Hombre de Tauro sigue sin resolverse. A pesar de las investigaciones, no se ha encontrado ninguna prueba definitiva que explique quién era este hombre, de dónde venía realmente o cómo pudo desaparecer de una forma tan misteriosa. La historia sigue atormentando a los aficionados a los misterios sin resolver y suscitando debates sobre la existencia de mundos paralelos y realidades inexploradas.

26

L'ÉNIGME DE SATOSHI NAKAMOTO

Le Mystère du Créateur de Bitcoin

L'histoire de Satoshi Nakamoto est l'une des énigmes
les plus fascinantes et les plus célèbres du monde de la
technologie et des cryptomonnaies. En 2008, un individu
ou un groupe anonyme sous le pseudonyme de Satoshi
Nakamoto a publié un document intitulé "Bitcoin: A Peer-
to-Peer Electronic Cash System" (Bitcoin : un système de
trésorerie électronique pair-à-pair), jetant ainsi les bases de
la première cryptomonnaie au monde, le Bitcoin. Depuis
lors, l'identité réelle de Satoshi Nakamoto est restée un
mystère non résolu qui continue de susciter l'intérêt et la
spéculation.

Tout a commencé le 31 octobre 2008, lorsque Satoshi
Nakamoto a publié un livre blanc de neuf pages sur une

liste de diffusion cryptographique. Ce livre blanc décrivait le concept du Bitcoin, une monnaie électronique décentralisée basée sur une technologie appelée "blockchain". La blockchain est un registre public immuable qui enregistre toutes les transactions de Bitcoin, garantissant ainsi la sécurité et la transparence du système.

Le 3 janvier 2009, Satoshi Nakamoto a mis en ligne le premier logiciel Bitcoin et a créé le premier bloc de la blockchain, appelé le "bloc de genèse". Ce bloc contenait une référence à un article du journal "The Times" daté du 3 janvier 2009, intitulé "Chancellor on Brink of Second Bailout for Banks" (Le chancelier au bord du deuxième sauvetage des banques).

Cela a été interprété comme un moyen de prouver que le bloc avait été créé après cette date, renforçant ainsi la crédibilité de la blockchain.

Pendant les premières années du Bitcoin, Satoshi Nakamoto a collaboré avec d'autres développeurs et a participé activement aux discussions sur les forums en ligne dédiés à la cryptomonnaie. Cependant, en 2010, Nakamoto a progressivement cessé de participer aux discussions et a finalement annoncé son départ en avril 2011, affirmant qu'il passait le relais à d'autres développeurs.

La disparition soudaine de Satoshi Nakamoto a laissé la communauté Bitcoin dans le doute et a ouvert la voie à de nombreuses spéculations sur son identité. Plusieurs personnes ont été accusées d'être Satoshi Nakamoto au fil des ans, mais toutes les preuves se sont révélées infondées ou insuffisantes pour prouver leur identité.

Parmi les personnes soupçonnées d'être Satoshi Nakamoto, citons :

- Dorian Nakamoto : En 2014, un journaliste de Newsweek a affirmé avoir découvert le créateur du Bitcoin en la personne de Dorian Nakamoto, un ingénieur en électronique californien à la retraite. Cependant, Dorian Nakamoto a nié toute implication dans la création du Bitcoin.

- Craig Wright : En 2016, Craig Wright, un entrepreneur australien, a affirmé publiquement être Satoshi Nakamoto. Bien qu'il ait fourni des preuves techniques, de nombreux membres de la communauté Bitcoin doutent toujours de sa véritable identité en tant que Nakamoto.

- Hal Finney : Hal Finney, un cryptographe et développeur de logiciels de cryptomonnaie, a été l'une des premières personnes à collaborer avec Satoshi Nakamoto sur le Bitcoin.

Cependant, il est décédé en 2014, emportant ses secrets avec lui.

- Nick Szabo : Nick Szabo, un informaticien et cryptographe américain, est souvent cité comme un candidat potentiel pour être Satoshi Nakamoto en raison de sa contribution précoce aux concepts qui ont influencé le Bitcoin. Cependant, il nie fermement être Nakamoto.

Malgré les spéculations et les enquêtes journalistiques, l'identité réelle de Satoshi Nakamoto reste un mystère non résolu. Certains estiment que Nakamoto a choisi de rester anonyme pour préserver sa vie privée et éviter d'attirer l'attention des régulateurs financiers ou d'autres entités. D'autres pensent qu'il pourrait être décédé ou qu'il a choisi de disparaître délibérément pour protéger le Bitcoin de toute ingérence extérieure.

Le mystère de Satoshi Nakamoto a alimenté des discussions animées sur la nature de la cryptomonnaie, la décentralisation, et le pouvoir des créateurs anonymes. Certains considèrent Nakamoto comme une figure mythique, tandis que d'autres voient en lui un génie visionnaire qui a révolutionné le monde de la finance.

L'héritage de Satoshi Nakamoto est indéniable. Le Bitcoin est devenu une force financière majeure, attirant des investisseurs, des institutions et des entreprises du monde entier. La technologie blockchain sous-jacente a également été adoptée pour de nombreuses autres applications, allant de la gestion de la chaîne d'approvisionnement à la gouvernance décentralisée.

En fin de compte, le mystère de Satoshi Nakamoto perdure, et il est peut-être destiné à rester l'une des énigmes les plus durables de l'ère numérique. L'histoire du Bitcoin et de son créateur anonyme continue de captiver l'imagination et de susciter des débats sur la nature du pouvoir, de la transparence et de l'anonymat dans le monde numérique en constante évolution.

EL ENIGMA DE SATOSHI
NAKAMOTO

El misterio del creador de Bitcoin

La historia de Satoshi Nakamoto es uno de los enigmas más fascinantes y famosos del mundo de la tecnología y las criptomonedas. En 2008, un individuo o grupo anónimo bajo el seudónimo de Satoshi Nakamoto publicó un documento titulado "Bitcoin: A Peer-to-Peer Electronic Cash System", sentando las bases de la primera criptodivisa del mundo, Bitcoin. Desde entonces, la verdadera identidad de Satoshi Nakamoto sigue siendo un misterio sin resolver que continúa generando interés y especulaciones.

Todo empezó el 31 de octubre de 2008, cuando Satoshi Nakamoto publicó un libro blanco de nueve páginas en una lista de correo criptográfico. El libro blanco describía el concepto de Bitcoin, una moneda electrónica descentralizada basada en una tecnología llamada blockchain. La cadena de bloques es un registro público inmutable que recoge todas las transacciones de Bitcoin, garantizando la seguridad y transparencia del sistema.

El 3 de enero de 2009, Satoshi Nakamoto publicó el primer software de Bitcoin y creó el primer bloque de la cadena de bloques, conocido como el "bloque génesis". Este bloque contenía una referencia a un artículo del periódico The Times del 3 de enero de 2009, titulado "Chancellor on Brink of Second Bailout for Banks".

Esto se interpretó como una forma de demostrar que el bloque se había creado después de esa fecha, reforzando así la credibilidad de la cadena de bloques.

Durante los primeros años de Bitcoin, Satoshi Nakamoto colaboró con otros desarrolladores y participó activamente en debates en foros online dedicados a la criptomoneda. Sin embargo, en 2010, Nakamoto dejó gradualmente de participar en los debates y finalmente anunció su marcha en abril de 2011, diciendo que pasaba el testigo a otros desarrolladores.

La repentina desaparición de Satoshi Nakamoto ha dejado a la comunidad Bitcoin sumida en la duda y ha abierto la puerta a muchas especulaciones sobre su identidad. Varias personas han sido acusadas de ser Satoshi Nakamoto a lo largo de los años, pero todas las pruebas han resultado infundadas o insuficientes para demostrar su identidad.

Entre los sospechosos de ser Satoshi Nakamoto se encuentran :

- Dorian Nakamoto: En 2014, un periodista de Newsweek afirmó haber descubierto al creador de Bitcoin en la persona de Dorian Nakamoto, un ingeniero electrónico californiano jubilado. Sin embargo, Dorian Nakamoto ha negado cualquier implicación en la creación de Bitcoin.

- Craig Wright: En 2016, Craig Wright, un empresario australiano, afirmó públicamente ser Satoshi Nakamoto. Aunque ha aportado pruebas técnicas, muchos en la comunidad Bitcoin siguen dudando de su verdadera identidad como Nakamoto.

- Hal Finney: Hal Finney, criptógrafo y desarrollador de software para criptomonedas, fue una de las primeras personas en colaborar con Satoshi Nakamoto en Bitcoin.

Sin embargo, murió en 2014, llevándose consigo sus secretos.

- Nick Szabo: Nick Szabo, informático y criptógrafo estadounidense, es citado a menudo como posible candidato a ser Satoshi Nakamoto debido a su temprana contribución a los conceptos que influyeron en Bitcoin. Sin embargo, él niega rotundamente ser Nakamoto.

A pesar de las especulaciones y las investigaciones periodísticas, la verdadera identidad de Satoshi Nakamoto sigue siendo un misterio sin resolver. Algunos creen que Nakamoto decidió permanecer en el anonimato para preservar su privacidad y evitar atraer la atención de los reguladores financieros u otras entidades. Otros creen que podría haber fallecido o que decidió desaparecer deliberadamente para proteger Bitcoin de injerencias externas.

El misterio de Satoshi Nakamoto ha avivado el debate sobre la naturaleza de las criptomonedas, la descentralización y el poder de los creadores anónimos. Algunos consideran a Nakamoto una figura mítica, mientras que otros lo ven como un genio visionario que revolucionó el mundo de las finanzas.

El legado de Satoshi Nakamoto es innegable. Bitcoin se ha convertido en una importante fuerza financiera que atrae a inversores, instituciones y empresas de todo el mundo. La tecnología blockchain subyacente también se ha adoptado para muchas otras aplicaciones, desde la gestión de la cadena de suministro hasta la gobernanza descentralizada.

Al final, el misterio de Satoshi Nakamoto perdura, y tal vez esté destinado a seguir siendo uno de los enigmas más perdurables de la era digital. La historia de Bitcoin y su anónimo creador sigue cautivando la imaginación y suscitando el debate sobre la naturaleza del poder, la transparencia y el anonimato en el siempre cambiante mundo digital.

27

LE MYSTÈRE D'ELISA LAM

La Disparition Troublante au Cecil Hotel

L'histoire mystérieuse d'Elisa Lam est l'un des cas non résolus les plus célèbres et les plus troublants des dernières années. En 2013, cette jeune femme de 21 ans a disparu au Cecil Hotel de Los Angeles, donnant lieu à des théories, des spéculations et des enquêtes qui ont captivé le monde entier.

Elisa Lam était une étudiante canadienne en visite à Los Angeles. Elle avait entrepris un voyage en solo le 26 janvier 2013, et elle avait choisi de séjourner au Cecil Hotel, un établissement historique situé dans le quartier de Skid Row à Los Angeles. Le Cecil Hotel avait acquis une réputation sinistre au fil des ans en raison de sa longue histoire d'activités criminelles, de suicides et d'autres événements tragiques.

La disparition d'Elisa Lam a été signalée le 31 janvier 2013 lorsque ses parents, inquiets de ne pas avoir de ses nouvelles depuis plusieurs jours, ont contacté la police de Los Angeles. La police a immédiatement lancé une enquête pour retrouver la jeune femme.

La première pièce du puzzle mystérieux était la vidéosurveillance de l'ascenseur de l'hôtel. Les images de la caméra de sécurité, diffusées largement sur Internet, montraient Elisa Lam agissant de manière étrange. Dans la vidéo, on pouvait la voir entrer et sortir de l'ascenseur, appuyer sur plusieurs boutons, se faufiler dans un coin de l'ascenseur, et même effectuer des gestes étranges et incohérents, comme si elle parlait à quelqu'un d'invisible.

Cependant, l'ascenseur semblait ne pas fonctionner correctement, ce qui pouvait expliquer le comportement étrange d'Elisa. Les enquêteurs ont examiné les enregistrements et ont noté que les portes de l'ascenseur restaient étrangement ouvertes pendant de longues périodes sans aucune intervention apparente.

Au fur et à mesure que les jours passaient, l'inquiétude pour Elisa grandissait, et la police de Los Angeles a entrepris des recherches plus approfondies dans et autour de l'hôtel Cecil. Le 19 février 2013, après près de trois semaines de recherche, le pire des scénarios s'est concrétisé : le corps d'Elisa Lam a été retrouvé dans un réservoir d'eau sur le toit de l'hôtel. La découverte a soulevé de nombreuses questions. Comment Elisa avait-elle pu accéder au toit, qui était normalement verrouillé et sécurisé ? Comment avait-elle pu se retrouver dans le réservoir d'eau, dont le couvercle était lourd et difficile à ouvrir ? Et surtout, pourquoi était-elle là ?

L'autopsie a révélé que la cause officielle de la mort d'Elisa Lam était la noyade accidentelle. Aucune blessure grave ni aucune trace de drogue ou d'alcool n'ont été trouvées dans son corps. Cependant, la manière troublante dont son corps a été retrouvé a continué de susciter des questions et des doutes.

Le mystère s'est approfondi lorsque les résultats de l'autopsie ont montré qu'Elisa avait pris plusieurs médicaments sur ordonnance, notamment un antidépresseur, mais ces médicaments ne semblaient pas être présents à des niveaux toxiques dans son système.

Le comportement étrange d'Elisa dans l'ascenseur et la découverte de son corps dans le réservoir d'eau ont alimenté des théories du complot et des spéculations sur ce qui aurait pu se passer. Certains ont suggéré qu'elle aurait pu être suivie ou harcelée par quelqu'un à l'hôtel. D'autres ont évoqué la possibilité d'une crise psychotique ou d'une maladie mentale qui aurait pu la pousser à agir de manière irrationnelle.

L'histoire d'Elisa Lam a également attiré l'attention des amateurs de paranormal, qui ont suggéré que l'hôtel Cecil pouvait être hanté ou que des forces surnaturelles étaient impliquées dans sa disparition. Cependant, ces théories n'ont pas été étayées par des preuves tangibles.

Malgré les enquêtes approfondies de la police de Los Angeles et les recherches minutieuses des médias et des amateurs d'énigmes, le mystère de la disparition et de la mort d'Elisa Lam reste en grande partie non résolu. La vidéo de l'ascenseur et les circonstances troublantes entourant sa mort continuent de hanter l'imagination du public.

Le Cecil Hotel lui-même a continué à susciter des histoires sombres et mystérieuses. Il a fermé ses portes en 2017 pour des rénovations, mais son histoire tumultueuse demeure une partie indélébile de l'histoire de Los Angeles. L'affaire Elisa Lam demeure l'un des cas les plus mystérieux et les plus intrigants du XXIe siècle, rappelant que parfois, même dans le monde moderne et connecté, des énigmes restent insolubles et des mystères demeurent impénétrables.

EL MISTERIO DE ELISA LAM

La inquietante desaparición del Hotel Cecil

La misteriosa historia de Elisa Lam es uno de los casos sin resolver más famosos e inquietantes de los últimos años. En 2013, la joven de 21 años desapareció del Hotel Cecil de Los Ángeles, dando lugar a teorías, especulaciones e investigaciones que han cautivado al mundo entero.

Elisa Lam era una estudiante canadiense de visita en Los Ángeles. Había emprendido un viaje en solitario el 26 de enero de 2013 y había elegido alojarse en el histórico Hotel Cecil, en la zona de Skid Row de Los Ángeles. El Hotel Cecil había adquirido una reputación siniestra a lo largo de los años debido a su largo historial de actividades delictivas, suicidios y otros sucesos trágicos.

Elisa Lam fue dada por desaparecida el 31 de enero de 2013, cuando sus padres, preocupados porque llevaban varios días sin saber nada de ella, se pusieron en contacto con el Departamento de Policía de Los Ángeles. La policía inició inmediatamente una investigación para encontrar a la joven.

La primera pieza del misterioso rompecabezas fue el circuito cerrado de televisión del ascensor del hotel. Las imágenes de la cámara de seguridad, que circularon ampliamente por Internet, mostraban a Elisa Lam actuando de forma extraña. En el vídeo se la veía entrar y salir del ascensor, pulsar varios botones, agacharse en una esquina del ascensor e incluso hacer gestos extraños e incoherentes, como si hablara con alguien invisible.

Sin embargo, el ascensor no parecía funcionar correctamente, lo que podría explicar el extraño comportamiento de Elisa. Los investigadores examinaron las grabaciones y observaron que las puertas del ascensor permanecían extrañamente abiertas durante largos periodos sin ninguna intervención aparente.

A medida que pasaban los días, aumentaba la preocupación por Elisa, y la policía de Los Ángeles emprendió una búsqueda más exhaustiva en el Hotel Cecil y sus alrededores. El 19 de febrero de 2013, tras casi tres semanas de búsqueda, el peor de los escenarios se hizo realidad: El cuerpo de Elisa Lam fue encontrado en un depósito de agua en el tejado del hotel. El hallazgo suscitó muchas preguntas. ¿Cómo había accedido Elisa al tejado, normalmente cerrado y seguro? ¿Cómo pudo acabar en el depósito de agua, cuya tapa era pesada y difícil de abrir? Y, sobre todo, ¿por qué estaba allí?

La autopsia reveló que la causa oficial de la muerte de Elisa Lam fue ahogamiento accidental. No se encontraron lesiones graves ni rastros de drogas o alcohol en su cuerpo. Sin embargo, la inquietante forma en que se encontró su cadáver siguió suscitando preguntas y dudas.

El misterio se agravó cuando los resultados de la autopsia mostraron que Elisa había tomado varios medicamentos con receta, entre ellos un antidepresivo, pero éstos no parecían estar presentes en su organismo a niveles tóxicos.

El extraño comportamiento de Elisa en el ascensor y el hallazgo de su cadáver en el depósito de agua alimentaron las teorías conspirativas y las especulaciones sobre lo que podría haber ocurrido. Algunos han sugerido que podría haber sido seguida o acosada por alguien del hotel. Otros han planteado la posibilidad de un brote psicótico o una enfermedad mental que podría haberla llevado a actuar de forma irracional.

La historia de Elisa Lam también ha atraído la atención de los entusiastas de lo paranormal, que han sugerido que el Hotel Cecil puede estar encantado o que en su desaparición intervinieron fuerzas sobrenaturales. Sin embargo, estas teorías no han sido respaldadas por pruebas fehacientes.

A pesar de las exhaustivas investigaciones del Departamento de Policía de Los Ángeles y de las minuciosas pesquisas de los medios de comunicación y los aficionados al misterio, el misterio de la desaparición y muerte de Elisa Lam sigue sin resolverse en su mayor parte. El vídeo del ascensor y las inquietantes circunstancias que rodearon su muerte siguen rondando la imaginación del público.

El propio Hotel Cecil ha seguido suscitando historias oscuras y misteriosas. Cerró en 2017 por reformas, pero su tumultuosa historia sigue siendo una parte indeleble de la historia de Los Ángeles. El caso de Elisa Lam sigue siendo uno de los más misteriosos e intrigantes del siglo XXI, un recordatorio de que a veces, incluso en el mundo moderno y conectado, los enigmas siguen sin resolverse y los misterios permanecen impenetrables.

28

LE DÉTOURNEMENT DU VOL
AIR FRANCE 139

L'Opération Entebbe

L'histoire du détournement de l'Air France Flight 139 est l'un des épisodes les plus célèbres et audacieux de l'histoire de l'aviation civile et de la lutte contre le terrorisme. Cet incident, survenu en 1976, a mis en lumière la détermination et le courage des forces spéciales israéliennes lors de l'opération de sauvetage à Entebbe, en Ouganda.

Le 27 juin 1976, le vol 139 d'Air France, un Airbus A300, quitta l'aéroport de Tel Aviv, en Israël, à destination de Paris, avec une escale à Athènes, en Grèce. À bord se trouvaient 248 passagers et membres d'équipage, dont de nombreux citoyens israéliens. Cependant, le vol 139 ne parviendrait jamais à atteindre sa destination.

À Athènes, un groupe de terroristes palestiniens et allemands, membres d'une organisation appelée le Front populaire de libération de la Palestine (FPLP) et les Fraction armée rouge (RAF) allemande, prit le contrôle de l'avion. Armés de grenades et de pistolets, ils forçaient les pilotes à changer de cap et à se diriger vers l'Afrique.

L'avion atterrit finalement à l'aéroport international d'Entebbe, en Ouganda, où les passagers et membres d'équipage furent retenus en otage. Là, ils furent regroupés dans un terminal désaffecté et isolé, sous la garde des terroristes et du président ougandais Idi Amin Dada, qui soutenait les ravisseurs.

Pendant la détention des otages à Entebbe, les ravisseurs établirent leurs demandes : la libération de 53 prisonniers palestiniens et pro-palestiniens, détenus dans des prisons israéliennes et dans d'autres pays, en échange de la vie des otages. Les ravisseurs menacèrent de tuer les otages si leurs demandes n'étaient pas satisfaites.

Face à cette situation critique, le gouvernement israélien se prépara à une mission de sauvetage audacieuse. Le Premier ministre israélien, Yitzhak Rabin, et son ministre de la Défense, Shimon Peres, ont décidé de lancer l'opération de sauvetage d'Entebbe, également connue sous le nom d'Opération Thunderbolt.

Le 3 juillet 1976, après plusieurs jours de planification minutieuse, quatre avions de transport C-130 Hercules de l'armée de l'air israélienne transportant des forces spéciales israéliennes décollèrent de la base aérienne de Sharm el-Sheikh, en Égypte, pour se rendre à Entebbe.

L'opération a été menée par les unités d'élite israéliennes Sayeret Matkal et Sayeret Golani. Ils ont été rejoints par des membres de l'unité de recherche et de sauvetage de l'armée de l'air israélienne, tous sous le commandement du lieutenant-colonel Yonatan Netanyahu, le frère du futur Premier ministre israélien Benjamin Netanyahu.

Lorsque les avions israéliens ont atteint Entebbe, les forces spéciales ont lancé une attaque éclair surprise. Ils ont rapidement neutralisé les gardes ougandais et ont libéré les otages.

Malheureusement, trois passagers et le frère du Premier ministre israélien, Yonatan Netanyahu, ont été tués au combat.

L'opération a été un succès retentissant. Les otages ont été sauvés, et les ravisseurs palestiniens et allemands ont été tués ou capturés. Les forces israéliennes ont rapidement évacué les otages vers Israël à bord des avions de transport C-130, avec l'ensemble de l'opération se déroulant en moins de 90 minutes.

L'Opération Entebbe a été applaudie dans le monde entier comme un exemple de bravoure et de détermination. Elle a renforcé la réputation d'Israël en tant que nation résolue à protéger ses citoyens, quel que soit le prix à payer. Les otages, en majorité israéliens, ont été libérés sains et saufs, et l'opération a été saluée comme un succès exemplaire dans la lutte contre le terrorisme.

Malgré le succès de l'Opération Entebbe, le détournement du vol 139 d'Air France reste un événement tragique qui a marqué à jamais les personnes impliquées. Les familles des victimes et les survivants ont été profondément affectés par cette expérience traumatisante, et les cicatrices émotionnelles demeurent.

L'histoire d'Entebbe est également devenue un symbole de résistance contre le terrorisme international. Elle continue de susciter un profond respect pour les forces spéciales israéliennes et pour tous ceux qui ont été impliqués dans la planification et l'exécution de cette mission audacieuse. L'Opération Entebbe demeure l'un des exemples les plus mémorables de courage et de détermination dans l'histoire de la lutte contre le terrorisme aérien.

Secuestro del vuelo 139 de Air France

Operación Entebbe

La historia del secuestro del vuelo 139 de Air France es uno de los episodios más famosos y audaces de la historia de la aviación civil y de la lucha contra el terrorismo. El incidente, ocurrido en 1976, puso de relieve la determinación y el valor de las fuerzas especiales israelíes durante la operación de rescate en Entebbe (Uganda).

El 27 de junio de 1976, el vuelo 139 de Air France, un Airbus A300, partió del aeropuerto de Tel Aviv (Israel) con destino a París, haciendo escala en Atenas (Grecia). A bordo viajaban 248 pasajeros y tripulación, muchos de ellos ciudadanos israelíes. Sin embargo, el vuelo 139 nunca llegó a su destino.

En Atenas, un grupo de terroristas palestinos y alemanes, miembros de una organización llamada Frente Popular para la Liberación de Palestina (FPLP) y de la

Facción del Ejército Rojo alemán (RAF), tomaron el control del avión. Armados con granadas y pistolas, obligaron a los pilotos a cambiar de rumbo y dirigirse a África.

El avión aterrizó finalmente en el aeropuerto internacional de Entebbe (Uganda), donde los pasajeros y la tripulación fueron retenidos como rehenes. Allí fueron hacinados en una terminal en desuso y aislada, bajo la vigilancia de terroristas y del presidente ugandés Idi Amin Dada, que apoyaba a los secuestradores.

Mientras los rehenes estaban retenidos en Entebbe, los secuestradores expusieron sus exigencias: la liberación de 53 presos palestinos y propalestinos, recluidos en cárceles israelíes y de otros países, a cambio de la vida de los rehenes. Los secuestradores amenazaron con matar a los rehenes si no se cumplían sus exigencias.

Ante esta crítica situación, el gobierno israelí se preparó para una audaz misión de rescate. El Primer Ministro israelí, Yitzhak Rabin, y su Ministro de Defensa, Shimon Peres, decidieron lanzar la operación de rescate de Entebbe, también conocida como Operación Rayo.

El 3 de julio de 1976, tras varios días de meticulosa planificación, cuatro aviones de transporte Hércules C-130 de la Fuerza Aérea israelí que transportaban fuerzas especiales israelíes despegaron de la base aérea egipcia de Sharm el-Sheikh con destino a Entebbe.

La operación fue llevada a cabo por las unidades de élite israelíes Sayeret Matkal y Sayeret Golani. A ellas se unieron miembros de la Unidad de Búsqueda y Rescate de la Fuerza Aérea israelí, todos bajo el mando del teniente coronel Yonatan Netanyahu, hermano del futuro primer ministro israelí Benjamin Netanyahu.

Cuando los aviones israelíes llegaron a Entebbe, las fuerzas especiales lanzaron un ataque relámpago por sorpresa. Neutralizaron rápidamente a los guardias ugandeses y liberaron a los rehenes.

Por desgracia, tres pasajeros y el hermano del Primer Ministro israelí, Yonatan Netanyahu, murieron en combate.

La operación fue un éxito rotundo. Los rehenes fueron rescatados y los secuestradores palestinos y alemanes murieron o fueron capturados. Las fuerzas israelíes evacuaron rápidamente a los rehenes a Israel a bordo de aviones de transporte C-130, y toda la operación duró menos de 90 minutos.

La Operación Entebbe ha sido aplaudida en todo el mundo como un ejemplo de valentía y determinación. Reforzó la reputación de Israel como nación decidida a proteger a sus ciudadanos, cueste lo que cueste. Los rehenes, en su mayoría israelíes, fueron liberados ilesos, y la operación fue aclamada como un éxito ejemplar en la lucha contra el terrorismo.

A pesar del éxito de la Operación Entebbe, el secuestro del vuelo 139 de Air France sigue siendo un acontecimiento trágico que ha dejado una huella duradera en los implicados. Las familias de las víctimas y los supervivientes se vieron profundamente afectados por esta experiencia traumática, y las cicatrices emocionales permanecen.

La historia de Entebbe se ha convertido también en un símbolo de resistencia contra el terrorismo internacional. Sigue inspirando un profundo respeto por las fuerzas especiales israelíes y por todos los que participaron en la planificación y ejecución de esta audaz misión. La Operación Entebbe sigue siendo uno de los ejemplos más memorables de valor y determinación en la historia de la lucha contra el terrorismo aéreo.

29

L'ÉTRANGE AFFAIRE DE LA PLUIE DE POISSONS À LAJAMANU

Le village étrange

Lajamanu, un petit village aborigène isolé dans le Territoire du Nord de l'Australie, est devenu le théâtre d'un phénomène étrange et inexplicable en 2004. Ce phénomène, connu sous le nom de "pluie de poissons", a laissé les habitants de Lajamanu et les scientifiques perplexes, et il reste l'une des énigmes naturelles les plus intrigantes de notre époque.

Lajamanu est situé dans une région aride de l'Australie, où les précipitations sont rares. Le village est entouré de désert et de terres arides, et il est éloigné de tout centre urbain majeur. C'est un endroit où les habitants sont habitués à vivre en harmonie avec la nature, en utilisant des pratiques de chasse et de cueillette traditionnelles pour subvenir à leurs besoins.

Le 25 février 2004, quelque chose d'inhabituel s'est produit. Alors que le ciel était clair et dégagé, une pluie soudaine et abondante a commencé à tomber sur Lajamanu. Les habitants ont été surpris, car de telles précipitations étaient rares dans la région, et elles étaient encore plus étonnantes étant donné la saison sèche.

Cependant, ce qui a rendu cette pluie encore plus extraordinaire, c'est ce qui est tombé du ciel avec elle : des poissons vivants. Des petits poissons argentés, appartenant à une espèce d'eau douce appelée le saratoga, sont tombés du ciel en même temps que la pluie. Les poissons étaient vivants et en parfait état, et ils ont atterri dans les rues du village, les cours des maisons et même dans les seaux d'eau que les habitants avaient laissés à l'extérieur.

Les habitants de Lajamanu étaient stupéfaits et perplexes face à cette pluie de poissons inexplicable. Ils ont ramassé autant de poissons qu'ils le pouvaient, et certains les ont cuisinés pour en faire un repas. Les responsables du village ont rapidement pris des échantillons des poissons et ont contacté les autorités locales pour enquêter sur ce phénomène étrange.

Les scientifiques se sont rendus sur place pour tenter de comprendre comment une telle chose pouvait se produire. Ils ont examiné les données météorologiques, les vents en altitude, et d'autres facteurs environnementaux, mais aucune explication convaincante n'a été trouvée.

L'une des théories avancées était que les poissons avaient été emportés par des trombes d'air, également appelées "tornades aquatiques", qui auraient soulevé les poissons d'un cours d'eau ou d'un lac voisin, puis les auraient relâchés dans le ciel, où ils ont été emportés par les vents et finalement tombés sur Lajamanu.

Cependant, cette théorie n'expliquait pas entièrement le phénomène, car les tornades aquatiques sont rares et ne se produisent généralement pas dans des régions aussi arides que Lajamanu.

D'autres chercheurs ont suggéré que les poissons pouvaient avoir été emportés par des oiseaux de proie, tels que les aigles pêcheurs, qui avaient tenté de transporter les poissons dans les airs, mais les avaient laissés tomber accidentellement. Cependant, cette théorie soulevait des questions sur la manière dont les poissons étaient restés en vie pendant le vol. Malgré de nombreuses enquêtes et recherches, aucune explication définitive n'a été trouvée pour expliquer la pluie de poissons de Lajamanu. Le phénomène reste un mystère naturel fascinant et unique, qui continue de susciter l'émerveillement et l'intrigue.

Les habitants de Lajamanu ont pris cette étrange expérience avec philosophie et ont continué à vivre leur vie en harmonie avec la nature, comme ils l'ont toujours fait. Pour eux, la pluie de poissons n'était qu'une autre manifestation mystérieuse de la puissance de la nature, et elle est devenue une partie intégrante de la riche tradition orale et culturelle de la communauté.

L'histoire de la pluie de poissons de Lajamanu rappelle que la nature est pleine de mystères et de phénomènes inexplicables, et qu'elle est capable de nous surprendre de manière inattendue et magique. Cette histoire unique demeure l'une des énigmes naturelles les plus étranges et intrigantes de notre temps.

EL EXTRAÑO CASO DE LA LLUVIA DE PECES EN LAJAMANU

El extraño pueblo

Lajamanu, una pequeña aldea aborigen aislada del Territorio del Norte de Australia, se convirtió en 2004 en escenario de un fenómeno extraño e inexplicable. El fenómeno, conocido como "lluvia de peces", ha dejado perplejos tanto a los habitantes de Lajamanu como a los científicos, y sigue siendo uno de los enigmas naturales más intrigantes de nuestro tiempo.

Lajamanu está situado en una región árida de Australia, donde las precipitaciones son escasas. El pueblo está rodeado de desierto y tierras áridas, y se encuentra lejos de cualquier centro urbano importante. Es un lugar donde la gente está acostumbrada a vivir en armonía con la naturaleza, utilizando prácticas tradicionales de caza y recolección para mantenerse.

El 25 de febrero de 2004 ocurrió algo insólito. Mientras el cielo estaba despejado y luminoso, un repentino y fuerte aguacero comenzó a caer sobre Lajamanu. Los lugareños se sorprendieron, ya que tales precipitaciones eran poco frecuentes en la región, y aún más sorprendentes dada la estación seca.

Sin embargo, lo que hizo esta lluvia aún más extraordinaria fue lo que cayó del cielo con ella: peces vivos. Pequeños peces plateados, pertenecientes a una especie de agua dulce llamada saratoga, cayeron del cielo al mismo tiempo que la lluvia. Los peces estaban vivos y en perfecto estado, y se posaron en las calles del pueblo, en los patios de las casas e incluso en los cubos de agua que los habitantes habían dejado fuera.

Los habitantes de Lajamanu se quedaron atónitos y perplejos ante esta inexplicable lluvia de peces. Recogieron todos los peces que pudieron y algunos los cocinaron para hacer una comida. Los funcionarios del pueblo tomaron rápidamente muestras de los peces y se pusieron en contacto con las autoridades locales para investigar el extraño fenómeno.

Los científicos acudieron al lugar para intentar comprender cómo podía ocurrir algo así. Examinaron los datos meteorológicos, los vientos en altura y otros factores ambientales, pero no encontraron ninguna explicación convincente.

Una de las teorías que se barajaron fue que los peces habían sido arrastrados por trombas de agua, también conocidas como "tornados acuáticos", que los levantaban de un arroyo o lago cercano, luego los soltaban en el cielo, donde eran arrastrados por los vientos y finalmente caían sobre Lajamanu.

Sin embargo, esta teoría no explicaba totalmente el fenómeno, ya que los tornados de agua son poco frecuentes y no suelen producirse en regiones tan áridas como Lajamanu.

Otros investigadores sugirieron que los peces podrían haber sido transportados por aves rapaces, como las águilas pescadoras, que habían intentado llevarlos por el aire pero los habían dejado caer accidentalmente. Sin embargo, esta teoría planteaba dudas sobre cómo los peces habían permanecido vivos durante el vuelo. A pesar de las numerosas investigaciones, aún no se ha encontrado una explicación definitiva para la lluvia de peces de Lajamanu. El fenómeno sigue siendo un misterio natural fascinante y único que continúa inspirando asombro e intriga.

Los habitantes de Lajamanu se tomaron esta extraña experiencia con filosofía y siguieron viviendo sus vidas en armonía con la naturaleza, como siempre habían hecho.

Para ellos, la lluvia de peces no era más que otra manifestación misteriosa del poder de la naturaleza, y se ha convertido en parte integrante de la rica tradición oral y cultural de la comunidad.

La historia de la lluvia de peces de Lajamanu nos recuerda que la naturaleza está llena de misterios y fenómenos inexplicables, y que es capaz de sorprendernos de formas inesperadas y mágicas. Esta historia única sigue siendo uno de los enigmas naturales más extraños e intrigantes de nuestro tiempo.

30

LE CAS DE L'HOMME QUI A PERDU LA MÉMOIRE

L'Énigme de Patient H.M.

L'histoire de Patient H.M. est l'une des énigmes les plus célèbres et les plus étranges de l'histoire de la neurologie et de la psychologie. Elle nous emmène dans le monde mystérieux de la mémoire humaine et des effets profonds qu'une lésion cérébrale peut avoir sur notre capacité à nous souvenir et à comprendre notre propre existence.

L'histoire de Patient H.M. commence en 1953, lorsqu'un homme de 27 ans nommé Henry Molaison subit une opération chirurgicale radicale dans l'espoir de traiter ses graves crises d'épilepsie. Les médecins ont décidé de retirer une partie de son cerveau, y compris l'hippocampe, une structure cruciale pour la formation de nouveaux souvenirs.

L'opération a réussi à réduire les crises d'épilepsie de Henry, mais elle a eu un effet profond et inattendu sur sa mémoire. Après l'opération, Henry était incapable de former de nouveaux souvenirs à long terme. Il se souvenait toujours de son passé jusqu'à l'opération, mais il était condamné à vivre dans un présent perpétuel, incapable de retenir de nouvelles informations pendant plus de quelques minutes.

Ce phénomène étrange, connu sous le nom d'amnésie antérograde, a transformé la vie de Henry en une série d'instants éphémères et désordonnés. Il ne pouvait pas se rappeler les visages des gens qu'il rencontrait, les lieux où il se trouvait, ni même ce qu'il avait mangé pour son dernier repas. Chaque interaction avec lui était comme une première rencontre. Les chercheurs et les médecins ont rapidement compris que le cas de Henry offrait une occasion unique d'étudier la mémoire humaine. Henry est devenu l'un des patients les plus étudiés de l'histoire de la neuroscience. Les chercheurs ont découvert que malgré son incapacité à former de nouveaux souvenirs explicites, il pouvait encore apprendre certaines tâches et habiliter son subconscient de manière implicite.

Par exemple, Henry pouvait progresser dans un puzzle sans se souvenir qu'il avait déjà travaillé dessus, indiquant que son cerveau pouvait encore apprendre de manière implicite, même s'il ne pouvait pas le faire de manière explicite. Cette découverte a ouvert de nouvelles perspectives sur la mémoire et la manière dont elle est stockée et récupérée dans le cerveau.

L'histoire de Patient H.M. a également soulevé des questions éthiques sur le consentement médical et le traitement des patients atteints de lésions cérébrales graves. Henry n'a jamais été pleinement informé des effets potentiels de l'opération sur sa mémoire, et il n'a jamais pu consentir à participer à la recherche sur son propre cerveau.

Malgré les défis de sa condition, Henry est devenu une figure aimée par les chercheurs qui ont travaillé avec lui. Ils ont été impressionnés par sa gentillesse et sa coopération, même face aux défis de sa mémoire défaillante. Henry a vécu dans un centre de soins spécialisé jusqu'à sa mort en 2008, et son cerveau a été préservé pour la recherche future.

L'histoire de Patient H.M. a eu un impact profond sur la compréhension de la mémoire humaine et de la manière dont notre cerveau fonctionne. Elle a également soulevé des questions éthiques importantes sur le consentement médical et la protection des droits des patients vulnérables.

En fin de compte, l'histoire de Patient H.M. nous rappelle à quel point la mémoire est essentielle pour notre compréhension de nous-mêmes et de notre monde. Elle nous montre également que même dans les moments les plus étranges et les plus mystérieux, la science peut nous aider à éclairer les recoins les plus sombres de l'esprit humain.

EL CASO DEL HOMBRE QUE PERDIÓ LA MEMORIA

El enigma del paciente H.M.

La historia del paciente H.M. es uno de los enigmas más famosos y extraños de la historia de la neurología y la psicología. Nos adentra en el misterioso mundo de la memoria humana y en los profundos efectos que los daños cerebrales pueden tener en nuestra capacidad para recordar y comprender nuestra propia existencia.

La historia del paciente H.M. comienza en 1953, cuando un hombre de 27 años llamado Henry Molaison se sometió a una intervención quirúrgica radical con la esperanza de tratar sus graves crisis epilépticas. Los médicos decidieron extirparle parte del cerebro, incluido el hipocampo, una estructura crucial para la formación de nuevos recuerdos.

La operación consiguió reducir los ataques epilépticos de Henry, pero tuvo un efecto profundo e inesperado en su memoria. Tras la operación, Henry fue incapaz de formar nuevos recuerdos a largo plazo. Podía seguir recordando su pasado hasta la operación, pero estaba condenado a vivir en un presente perpetuo, incapaz de retener información nueva durante más de unos minutos.

Este extraño fenómeno, conocido como amnesia anterógrada, convirtió la vida de Henry en una serie de momentos fugaces e inconexos. No podía recordar los rostros de las personas que conocía, los lugares en los que había estado, ni siquiera lo que había comido por última vez. Cada interacción con él era como conocer a alguien por primera vez. Investigadores y médicos pronto se dieron cuenta de que el caso de Henry ofrecía una oportunidad única para estudiar la memoria humana. Henry se convirtió en uno de los pacientes más estudiados de la historia de la neurociencia. Los investigadores descubrieron que, a pesar de su incapacidad para formar nuevos recuerdos explícitos, podía aprender ciertas tareas y habilitar su subconsciente de forma implícita.

Por ejemplo, Henry podía avanzar en un rompecabezas sin recordar que ya había trabajado en él, lo que indicaba que su cerebro aún podía aprender implícitamente, aunque no pudiera hacerlo explícitamente. Este descubrimiento abrió nuevas perspectivas sobre la memoria y cómo se almacena y recupera en el cerebro.

La historia del paciente H.M. también planteó cuestiones éticas sobre el consentimiento médico y el tratamiento de pacientes con lesiones cerebrales graves. Henry nunca fue plenamente informado de los posibles efectos de la operación en su memoria, y nunca pudo dar su consentimiento para participar en investigaciones sobre su propio cerebro.

A pesar de las dificultades de su enfermedad, Henry se convirtió en una figura muy querida por los investigadores que trabajaron con él. Quedaron impresionados por su amabilidad y cooperación, incluso ante los retos que planteaba su memoria debilitada. Henry vivió en un centro especializado hasta su muerte en 2008, y su cerebro se conservó para futuras investigaciones.

La historia de la paciente H.M. ha tenido un profundo impacto en nuestra comprensión de la memoria humana y del funcionamiento de nuestro cerebro. También ha planteado importantes cuestiones éticas sobre el consentimiento médico y la protección de los derechos de los pacientes vulnerables.

En última instancia, la historia del paciente H.M. nos recuerda lo esencial que es la memoria para entendernos a nosotros mismos y a nuestro mundo. También nos demuestra que, incluso en los momentos más extraños y misteriosos, la ciencia puede ayudarnos a iluminar los rincones más oscuros de la mente humana.

31

LE CAS DE L'HOMME QUI A SURVÉCU À DEUX BOMBES ATOMIQUES

L'Incroyable Histoire de Tsutomu Yamaguchi

L'histoire de Tsutomu Yamaguchi est à la fois étrange et miraculeuse. Elle raconte le destin extraordinaire d'un homme qui a survécu à deux explosions de bombes atomiques au cours de la Seconde Guerre mondiale, une série d'événements incroyables qui ont laissé le monde médical et scientifique perplexe.

Le 6 août 1945, Tsutomu Yamaguchi travaillait comme ingénieur dans la ville japonaise d'Hiroshima. Ce jour-là, à 8h15 du matin, l'armée américaine largua la bombe atomique baptisée "Little Boy" sur Hiroshima. L'explosion a dévasté la ville, tuant des dizaines de milliers de personnes sur le coup et en blessant des dizaines de milliers d'autres. Yamaguchi se trouvait à environ trois kilomètres de l'épicentre de l'explosion.

Miraculeusement, malgré les brûlures et les blessures graves, Tsutomu Yamaguchi a survécu à l'explosion. Il a été l'un des rares survivants à proximité de l'épicentre. Ce qu'il a vécu ce jour-là était déjà extraordinaire, mais l'histoire de Yamaguchi ne s'arrête pas là.

Le lendemain de l'explosion d'Hiroshima, Yamaguchi s'est aventuré dans la ville dévastée pour chercher des secours médicaux. Il avait encore du mal à marcher et à voir en raison de ses blessures, mais il était en vie. Cependant, il n'aurait pas pu imaginer ce qui allait se passer ensuite.

Le 9 août 1945, seulement trois jours après l'explosion d'Hiroshima, Tsutomu Yamaguchi était de retour dans sa ville natale de Nagasaki, située à environ 300 kilomètres à l'ouest d'Hiroshima. Il était de retour au travail, racontant à ses collègues l'horreur qu'il avait vécue à Hiroshima.

Puis, à 11h02 du matin, l'impensable s'est produit. L'armée américaine largua une deuxième bombe atomique, appelée "Fat Man", sur Nagasaki. L'explosion a de nouveau détruit une ville, tuant des dizaines de milliers de personnes instantanément et en blessant des dizaines de milliers d'autres.

Incroyablement, Tsutomu Yamaguchi a survécu à une deuxième explosion atomique. Cette fois, il se trouvait à environ trois kilomètres de l'épicentre de l'explosion de Nagasaki. Encore une fois, il a été témoin de l'horreur de la destruction atomique, mais il a miraculeusement survécu.

Tsutomu Yamaguchi a survécu à deux explosions de bombes atomiques en l'espace de seulement trois jours. Il est devenu l'un des rares Hibakusha, les survivants des bombes atomiques, à avoir vécu les deux attaques.

Après la guerre, Yamaguchi a été confronté aux effets à long terme de l'exposition aux radiations. Il a souffert de problèmes de santé liés aux radiations, notamment des problèmes de peau et des cataractes. Malgré ces défis, il a vécu une vie relativement longue et a continué à témoigner de son expérience, plaidant pour la paix et le désarmement nucléaire. L'histoire de Tsutomu Yamaguchi est extraordinaire à bien des égards. Elle soulève des questions sur la chance, la résilience et la capacité de l'humanité à survivre face à l'impensable. Elle pose également des questions sur les conséquences à long terme de l'exposition aux radiations et sur les effets dévastateurs des armes nucléaires.

En fin de compte, l'histoire de Tsutomu Yamaguchi nous rappelle les horreurs de la guerre et de l'arme nucléaire, mais elle offre également un message d'espoir, montrant que même dans les moments les plus sombres de l'histoire, la résilience humaine peut briller. Tsutomu Yamaguchi est décédé en 2010, mais son histoire extraordinaire continue d'inspirer et de rappeler au monde les dangers et les conséquences de la guerre nucléaire.

EL CASO DEL HOMBRE QUE SOBREVIVIÓ A DOS BOMBAS ATÓMICAS

La increíble historia de Tsutomu Yamaguchi

La historia de Tsutomu Yamaguchi es a la vez extraña y milagrosa. Narra el extraordinario destino de un hombre que sobrevivió a dos explosiones de bombas atómicas durante la Segunda Guerra Mundial, una serie de acontecimientos increíbles que dejaron desconcertado al mundo médico y científico.

El 6 de agosto de 1945, Tsutomu Yamaguchi trabajaba como ingeniero en la ciudad japonesa de Hiroshima. Ese día, a las 8.15 de la mañana, el ejército estadounidense lanzó sobre Hiroshima la bomba atómica apodada "Little Boy". La explosión devastó la ciudad, matando instantáneamente a decenas de miles de personas e hiriendo a decenas de miles más. Yamaguchi estaba a unos tres kilómetros del epicentro de la explosión.

Milagrosamente, a pesar de sufrir quemaduras y heridas graves, Tsutomu Yamaguchi sobrevivió a la explosión. Fue uno de los pocos supervivientes cerca del epicentro. Lo que vivió aquel día ya fue extraordinario, pero la historia de Yamaguchi no acaba ahí.

Al día siguiente de la explosión de Hiroshima, Yamaguchi se aventuró en la ciudad devastada para buscar ayuda médica. Todavía le costaba andar y ver debido a sus heridas, pero estaba vivo. Sin embargo, no podía imaginar lo que ocurriría después.

El 9 de agosto de 1945, sólo tres días después de la explosión de Hiroshima, Tsutomu Yamaguchi estaba de vuelta en su ciudad natal de Nagasaki, a unos 300 kilómetros al oeste de Hiroshima. Volvía al trabajo y contaba a sus compañeros el horror que había vivido en Hiroshima.

Entonces, a las 11.02 de la mañana, ocurrió lo impensable. El ejército estadounidense lanzó una segunda bomba atómica, llamada "Fat Man", sobre Nagasaki. La explosión volvió a destruir una ciudad, matando instantáneamente a decenas de miles de personas e hiriendo a decenas de miles más.

Increíblemente, Tsutomu Yamaguchi sobrevivió a una segunda explosión atómica. Esta vez, se encontraba a unos tres kilómetros del epicentro de la explosión de Nagasaki.

Una vez más, fue testigo del horror de la destrucción atómica, pero sobrevivió milagrosamente.

Tsutomu Yamaguchi sobrevivió a dos explosiones de bombas atómicas en el espacio de sólo tres días. Se convirtió en uno de los pocos hibakusha, los supervivientes de las bombas atómicas, que sobrevivieron a ambos ataques.

Tras la guerra, Yamaguchi tuvo que enfrentarse a los efectos a largo plazo de la exposición a la radiación. Sufrió problemas de salud relacionados con la radiación, como problemas de piel y cataratas. A pesar de estos problemas, vivió una vida relativamente larga y siguió hablando de sus experiencias, abogando por la paz y el desarme nuclear. La historia de Tsutomu Yamaguchi es extraordinaria en muchos sentidos. Plantea cuestiones sobre la suerte, la resistencia y la capacidad de la humanidad para sobrevivir ante lo impensable. También plantea cuestiones sobre las consecuencias a largo plazo de la exposición a la radiación y los efectos devastadores de las armas nucleares.

En última instancia, la historia de Tsutomu Yamaguchi nos recuerda los horrores de la guerra y las armas nucleares, pero también ofrece un mensaje de esperanza, mostrando que incluso en los momentos más oscuros de la historia, la resistencia humana puede brillar. Tsutomu

Yamaguchi murió en 2010, pero su extraordinaria historia sigue inspirando y recordando al mundo los peligros y las consecuencias de la guerra nuclear.

CONCLUSION

En refermant les pages de "Espagnol : 31 Histoires Vraies Qui Défient l'Imagination", nous espérons que vous avez vécu un voyage captivant à travers l'univers étonnant de la réalité. Que vous avez amélioré votre Espagnol. Ces histoires, puisées dans le tissu même de notre monde, nous rappellent que la vie est bien plus étrange, complexe et surprenante que tout ce que la fiction pourrait inventer.

Chacun de ces récits authentiques nous montre que l'extraordinaire est à portée de main, que les exploits incroyables et les mystères profonds font partie intégrante de notre histoire commune. Ces histoires nous rappellent que, bien que la vie puisse parfois sembler banale et routinière, elle est constamment imprégnée de possibilités fascinantes et imprévisibles.

Les protagonistes de ces histoires, qu'ils soient des aventuriers audacieux, des escrocs ingénieux ou des témoins de l'inexplicable, nous montrent la diversité et la richesse de l'expérience humaine. Leur courage, leur créativité et leur persévérance nous inspirent à repousser nos propres limites et à embrasser l'inconnu.

Ces histoires nous rappellent également que le mystère et l'émerveillement sont toujours à notre portée. Qu'il s'agisse de résoudre des énigmes, de défier la gravité ou de surmonter des adversités insurmontables, l'humanité a une capacité incroyable à se surpasser.

En fin de compte, "Espagnol, 31 histoires vraies" nous rappelle que, bien que la réalité puisse parfois sembler étrange, chaotique et parfois injuste, elle est aussi source de merveille et d'inspiration. Ces histoires nous montrent que la vie est un voyage complexe, une aventure constante où chaque tournant peut révéler des surprises inattendues.

Nous espérons que ce recueil vous a fait sourire, réfléchir, vous émerveiller et vous questionner sur le monde qui nous entoure. Que ces histoires continuent à nourrir votre curiosité et à élargir votre perception de ce qui est possible.

Car dans ce monde complexe et imprévisible, il y a une chose qui demeure certaine : il y a toujours une histoire qui mérite d'être racontée, une aventure qui attend d'être vécue, et un mystère qui demande à être résolu. Alors, que votre quête de découvertes continue, et que vous continuiez à vous émerveiller devant les mystères de la réalité.

Merci de nous avoir rejoint dans ce voyage. Et souvenez-vous : la réalité, parfois, est bien plus folle que la fiction.

Donnez votre avis sincère sur Amazon !

Vos suggestions et critiques sont précieuses.

Elles permettent que chaque lecture soit encore plus satisfaisante !

Je vous remercie sincèrement d'avoir lu mon livre.

Je vous souhaite tout le succès que vous méritez !

Printed in France by Amazon
Brétigny-sur-Orge, FR